U0033705

吳忠信日記

（1954）

The Diaries of Wu Chung-hsin, 1954

民國日記 | 總序

呂芳上
民國歷史文化學社社長

人是歷史的主體，人性是歷史的內涵。「人事有代謝，往來成古今」（孟浩然），瞭解活生生的「人」，才較能掌握歷史的真相；愈是貼近「人性」的思考，才愈能體會歷史的本質。近代歷史的特色之一是資料閎富而駁雜，由當事人主導、製作而形成的資料，以自傳、回憶錄、口述訪問、函札及日記最為重要，其中日記的完成最即時，描述較能顯現內在的幽微，最受史家重視。

日記本是個人記述每天所見聞、所感思、所作為有選擇的紀錄，雖不必能反映史事整體或各個部分的所有細節，但可以掌握史實發展的一定脈絡。尤其個人日記一方面透露個人單獨親歷之事，補足歷史原貌的闕漏；一方面個人隨時勢變化呈現出不同的心路歷程，對同一史事發為不同的看法和感受，往往會豐富了歷史內容。

中國從宋代以後，開始有更多的讀書人有寫日記的習慣，到近代更是蔚然成風，於是利用日記史料作歷

史研究成了近代史學的一大特色。本來不同的史料,各有不同的性質,日記記述形式不一,有的像流水帳,有的生動引人。日記的共同主要特質是自我(self)與私密(privacy),史家是史事的「局外人」,不只注意史實的追尋,更有興趣瞭解歷史如何被體驗和講述,這時對「局內人」所思、所行的掌握和體會,日記便成了十分關鍵的材料。傾聽歷史的聲音,重要的是能聽到「原音」,而非「變音」,日記應屬原音,故價值高。1970年代,在後現代理論影響下,檢驗史料的潛在偏見,成為時尚。論者以為即使親筆日記、函札,亦不必全屬真實。實者,日記記錄可能有偏差,一來自時代政治與社會的制約和氛圍,有清一代文網太密,使讀書人有口難言,或心中自我約束太過。顏李學派李塨死前日記每月後書寫「小心翼翼,俱以終始」八字,心所謂為危,這樣的日記記錄,難暢所欲言,可以想見。二來自人性的弱點,除了「記主」可能自我「美化拔高」之外,主觀、偏私、急功好利、現實等,有意無心的記述或失實、或迴避,例如「胡適日記」於關鍵時刻,不無避實就虛,語焉不詳之處;「閻錫山日記」滿口禮義道德,使用價值略幾近於零,難免令人失望。三來自旁人過度用心的整理、剪裁、甚至「消音」,如「陳誠日記」、「胡宗南日記」,均不免有斧鑿痕跡,不論立意多麼良善,都會是史學研究上難以彌補的損失。史料之於歷史研究,一如「盡信書不如無書」的話語,對證、勘比是個基本功。或謂使用材料多方查證,有如老吏斷獄、法官斷案,取證求其多,追根究柢求其細,庶幾還原

案貌，以證據下法理註腳，盡力讓歷史真相水落可石出。是故不同史料對同一史事，記述會有異同，同者互證，異者互勘，於是能逼近史實。而勘比、互證之中，以日記比證日記，或以他人日記，證人物所思所行，亦不失為一良法。

從日記的內容、特質看，研究日記的學者鄒振環，曾將日記概分為記事備忘、工作、學術考據、宗教人生、游歷探險、使行、志感抒情、文藝、戰難、科學、家庭婦女、學生、囚亡、外人在華日記等十四種。事實上，多半的日記是複合型的，柳詒徵說：「國史有日歷，私家有日記，一也。日歷詳一國之事，舉其大而略其細；日記則洪纖必包，無定格，而一身、一家、一地、一國之真史具焉，讀之視日歷有味，且有補於史學。」近代人物如胡適、吳宓、顧頡剛的大部頭日記，大約可被歸為「學人日記」，余英時翻讀《顧頡剛日記》後說，藉日記以窺測顧的內心世界，發現其事業心竟在求知慾上，1930 年代後，顧更接近的是流轉於學、政、商三界的「社會活動家」，在謹厚恂恂君子後邊，還擁有激盪以至浪漫的情感世界。於是活生生多面向的人，因此呈現出來，日記的作用可見。

晚清民國，相對於昔時，是日記留存、出版較多的時期，這可能與識字率提升、媒體、出版事業發達相關。過去日記的面世，撰著人多半是時代舞台上的要角，他們的言行、舉動，動見觀瞻，當然不容小覷。但，相對的芸芸眾生，識字或不識字的「小人物」們，在正史中往往是無名英雄，甚至於是「失蹤者」，他們

如何參與近代國家的構建，如何共同締造新社會，不應該被埋沒、被忽略。近代中國中西交會、內外戰事頻仍，傳統走向現代，社會矛盾叢生，如何豐富歷史內涵，需要傾聽社會各階層的「原聲」來補足，更寬闊的歷史視野，需要眾人的紀錄來拓展。開放檔案，公布公家、私人資料，這是近代史學界的迫切期待，也是「民國歷史文化學社」大力倡議出版日記叢書的緣由。

導言

王文隆

南開大學歷史學院副教授

一、吳忠信生平

　　吳忠信（1884-1959），字禮卿，一字守堅，別號恕庵，安徽合肥人。1900年八國聯軍攻陷北京，光緒帝與慈禧太后西逃，鑑於國難而前往江寧（南京）進入江南將弁學堂，時年僅十七。1905年夏天畢業後，奉派前往鎮江辦理徵兵，旋受命為陸軍第九鎮第三十五標第三營管帶，開始行伍生涯。隔年經楊卓林介紹，秘密加入同盟會。1911年武昌起義，全國響應。林述慶光復鎮江，自立為都督，任吳忠信為軍務部部長，後改委為江浙滬聯軍總司令部總執行法官兼兵站總監。

　　1912年元旦，孫中山就任中華民國臨時大總統，奠都南京，吳忠信任首都警察總監。孫中山辭職後，吳忠信轉至上海《民立報》供職，二次革命討袁時復任首都警察總監，失敗後亡命日本，加入孫中山重建的中華革命黨。並於1915年，在陳其美（字英士）帶領下，與蔣中正同往上海法國租界參預討袁戎機，奠下與蔣中正的深厚情誼。1917年，孫中山南下護法組織軍政府，吳忠信奉召前往擔任作戰科參謀，襄助作戰科主任蔣中正，兩人合作關係益臻緊密。爾後，吳忠信陸續擔任粵軍第二軍總指揮、桂林衛戍司令等職。1922年，

吳忠信作為孫中山的全權代表之一員，與段祺瑞、張作霖共商三方合作事宜。同年 4 月前往上海時，因腸胃病發作，辭去軍職，卜居蘇州。爾後數年皆以身體不適為辭，在家休養，與好友羅良鑑（字侶子）等人研究諸子百家。

1926 年 7 月，蔣中正就任國民革命軍總司令，誓師北伐，同年 11 月克復南昌後，邀請吳忠信出任總司令部顧問，其後歷任江蘇省政府委員、淞滬警察廳廳長、建設委員會委員、河北編遣委員會主任委員等職。1929 年，因國家需要建設，前往歐美考察十個月。1931 年 2 月奉派為導淮委員會委員，同月監察院成立，又任監察委員。1932 年 3 月受任為安徽省政府主席，次年 5 月辭職獲准後，轉任軍事委員會南昌行營總參議。1935 年 4 月擔任貴州省政府主席，次年 4 月因胃腸病復發加以兩廣事變，呈請辭職，奉調為蒙藏委員會委員長。自此主掌邊政八年，期間曾親赴西藏主持達賴喇嘛坐床、前往蘭州致祭成吉思汗陵，並視察寧夏、青海及新疆等邊疆各地。1944 年 9 月調任新疆省政府主席兼保安司令，對內以綏撫為主，對外應付蘇聯及三區（伊犁、塔城、阿山）革命問題，1946 年 3 月辭任後，任國民政府委員，並當選第一屆國民大會代表。

1948 年 4 月，蔣中正當選行憲後第一任中華民國總統，敦聘吳忠信為總統府資政，復於該年年底委為總統府秘書長。1949 年 1 月 21 日蔣中正引退後，吳忠信堅辭秘書長職務，僅保留資政一職。上海易手之前，吳忠信舉家遷往台灣，被推為中國國民黨中央非常委員會

委員，並任中國銀行董事、中央銀行常務理事。1953年7月起，擔任中央紀律委員會主任委員。1959年10月，吳忠信腹瀉不止，誤以為腸胃痼疾發作，未加重視。不久病情加劇，乃送至榮民總醫院，診療結果為肝硬化，醫藥罔效，於該年12月16日辭世。

二、《吳忠信日記》的史料價值

吳忠信自1926年任國民革命軍總司令部顧問時開始撰寫日記，至1959年辭世前為止，共有34年的日記。其中1937、1938年日記存藏於香港，1941年年底日軍佔領香港時未及攜出而焚毀，因而有兩年闕佚（1942.3.15《吳忠信日記》）。

《吳忠信日記》部分內容，例如《西藏紀遊》、《西藏紀要》以及《吳忠信主新日記》曾先後出版，披露其在1933年經英印入藏辦理達賴喇嘛坐床大典以及1944年出任新疆省政府主席之過程，其餘日記內容大多未經公開。現在透過民國歷史文化學社的努力，將該批日記現存部分，重新打字、校訂出版，以饗學界。這批日記的出版，足以開拓民國史研究的新視角。

（一）蔣吳情誼

蔣中正與吳忠信的情誼在日記中處處可見。除眾所周知的託其就近關照蔣緯國及姚冶誠一事外，蔣中正派任吳忠信為地方首長的背後，也有藉信賴之人，安頓地方、居間調處的考量。如吳忠信於1935年4月派為貴州省政府主席，原以江南為實力基礎的南京國民政府，得以將其力量延伸入西南，在當地推展教育與交通等基

礎建設，並透過吳忠信居間溝通協調南京與桂系關係，從日記中經常記述與桂系來人談話可見一斑。而薛岳此時以追剿為名，率中央軍進入貴州，在吳忠信與薛岳兩人通力合作之下，加強中央對貴州的掌控，為未來抗戰的後方準備奠立基礎。又如吳忠信於抗戰末期接掌新疆省務，以中央委派之姿取代盛世才為新疆省政府主席，一改「新疆王」盛世才當政時的高壓政策，採取懷柔態度，釋放羈押的漢、維人士，並派員宣撫南疆，圖使新疆親近中央，這都得是在蔣中正對吳忠信的高度信任下，才能主導的。當蔣中正於 1949 年 1 月下野，李宗仁代總統時，吳忠信居間穿梭蔣中正、李宗仁二人之間，由是可見吳忠信在二人心中的特殊地位。直至蔣中正於 1950 年 3 月 1 日「復行視事」，每個布局幾乎都有吳忠信的角色存在。

（二）蒙藏邊政

　　吳忠信長年擔任蒙藏委員會主任委員，關於邊疆問題的觀點與處置，也是《吳忠信日記》極具參考價值的部分。吳忠信掌理蒙藏委員會，恰於全面抗戰爆發前至抗戰末期，在邊政的處置上，期盼蒙、藏、維等邊疆少數民族能在日敵當前的情況下，親近中央、維持穩定。針對蒙藏，吳忠信各有安排，如將蒙古族珍視的成吉思汗陵墓遷移蘭州，以免日敵利用此一象徵的用心。對於藏政，則透過協助班禪移靈回藏（1937 年）、達賴坐床大典（1940 年 2 月）等重要活動，維護中央權威，避免西藏藉英國支持而逐漸脫離中央掌控。1940 年 5 月於拉薩設置蒙藏委員會駐藏辦事處是最成功的宣示，

力採「團結蒙古、安定西藏」的策略，穩定邊陲。吳忠信親身參與、接觸的人面廣泛，對於邊事的觀察與品評，值得讀者深思推敲。

（三）貫穿民國史的觀察

長達 34 年的《吳忠信日記》，貫穿了國民政府自北伐統一、訓政建國、抗日戰爭到國共內戰，以及政府遷台初期的幾個重要階段。透過吳忠信得以貼近觀察各階段的施政重心與處置辦法，以個人史或是生活史的角度，觀察黨政要員在這些動盪之中的處境、心境與動態。更能搭配其他同樣經歷人士的紀錄，相互佐證。

三、日記所見的個人特質

日記撰述，能見記主公私生活，從中探知其性格與思維，就日記的內容來分析，或許能得知吳忠信的個人特質。

（一）愛家重情

吳忠信的愛家與重情，有兩個層面，一是對於家族的關懷，一是對於鄉誼、政誼的看重。家人一直都是他的牽絆與記掛，他與正室王惟仁於 1906 年結婚，卻膝下無子。在惟仁的寬宏下，年四十迎娶側室湘君，1926 年初得長女馴叔，嘗到為人父的喜悅。爾後湘君又生長子申叔，使得吳家有後，但沒過多久，湘君竟因肺炎撒手人寰，年方二十五，使得吳忠信數日皆傷心欲絕，在日記中曾寫道：「自伊去後，時刻難忘。每一念及，不知所從。」（1932.12.31《吳忠信日記》）爾後吳忠信經常前往湘君墳上流連，一解思念之情。湘君故後，吳

忠信又迎娶麗君（後改名麗安），生了庸叔、光叔兩子。不過吳忠信與麗安感情不睦，經常爭執，在日記中多次記下此事的煩擾。吳忠信重視子女教育，抗戰勝利後，馴叔赴美求學，嫁給同樣赴美、專攻數量經濟學的林少宮，生下了外孫，讓吳忠信相當高興。1954 年，或因聽聞林少宮將攜家眷離美赴大陸，吳忠信並不贊成，不斷去函馴叔勸其留在美國，如果一定要離開，也務必來台。同年 8 月 6 日，吳忠信獲悉馴叔一家已經離開美國，不知所蹤，從此以後，日記鮮少提到這個疼愛的女兒。這一年年末在日記的總結寫道：「最煩神是子女問題，尤其家事真是一言難盡。」表現出心中的苦悶。

吳忠信相當看重安徽同鄉，安徽從政前輩中最敬重的要屬北京政府國務總理段祺瑞，兩人政治立場並不相容，但鄉誼仍重。吳忠信自段祺瑞移居上海後，經常從蘇州前往探望，段祺瑞身故時，也親往弔祭。對於同鄉後進，無論是在政界或是學界，多所關照，願意接見、培養或是推介，因此深為鄉里所敬重。如 1939 年在段祺瑞女婿奚東曙的引介下，會晤出身安徽舒城的孫立人，在當天的日記中寫道：「〔孫立人〕清華大學畢業後，赴美國學陸軍，八一三上海抗日之後，身負重傷，勇敢可佩。此人頭腦清楚，知識豐富，本省後起之秀。」（1939.9.28《吳忠信日記》）頗為欣賞。或許是命運的作弄，當 1955 年爆發郭廷亮匪諜案時，吳忠信恰為九人調查委員會的一員，於公不能不辦，但於私仍同情孫立人的處境，認為他「一生戎馬，功在黨國，得

此結果，內心之苦痛，可以想見，我亦不願多言，是非曲直留待歷史批評」。

吳忠信同樣在乎的還有政誼，盡力多方關照共事的同事。如羅良鑑不僅是他生活的良伴，也是與他同任安徽省政府委員的至交，兩人都在蘇州購地造園，經常往來。爾後，吳忠信主政安徽省、貴州省與蒙藏委員會時，羅良鑑都是他的左右手，離任蒙藏委員會時，更推薦羅良鑑繼任。1948 年 12 月 21 日，羅良鑑夫婦自上海前往香港，飛機失事罹難，隔年骨灰歸葬蘇州。吳忠信在蔣、李兩方居間穿梭繁忙之際，特地回到蘇州參加喪禮，深為數十年好友之失而悲痛，可看出吳忠信個人重情、真誠的一面。

（二）做人做事有志氣有宗旨

吳忠信曾經在 1939 年元旦的自勉中，自述「余以為做人做事，必有志氣，有宗旨，然後盡力以赴，始可有成。」另亦述及「自入同盟會、中華革命黨而迄于今，未敢稍逾此旨。至以處人論，則一秉真誠，不事欺飾，對於人我分際之間，亦嘗三致意焉。」這是他向來自持的。就與蔣中正的關係而論，自詡亦掌握此一原則，他在同日又記下：「余與蔣相處，民十五後可分三個階段，由十六年起至十八春出洋止，以革命黨同志精神處之；由十九年遊歐美歸國起至二十一年任安徽省主席以前止，則以朋友方式處之；由安徽主席起以至于今，則以部屬方式處之。比年服務中樞，余于本身職掌外，少所建議，于少數交遊外，少所往還，良以分際既殊，其相處之標準，不可不因之而異也。余在過去十二

年來，因持有上述之宗旨與標準，故對國事，如在滬、
在平、在皖、在黔及目前之在蒙藏委員會，均能振刷調
整，略有建樹，絲毫未之貽誤；對友人如過去之與蔣，
雖交誼深厚，然他人則與之誤會叢生，而余仍能保持此
種良好關係，感情日有增進，而毫無芥蒂。……即無論
國家之情勢若何，當一本過去，對國竭其忠、對友竭其
力，如此而已。概括言之：即「救國」、「助友」兩大
方針是也。」

　　由此可知，在吳忠信待人之原則，必先確認兩人之
關係，進而以身分為斷，調整相待之禮。他長時間服務
公職，練就出一套為公不私的原則，經常在日記中自記
用人、薦人之大公無私，此亦為其「救國」、「助友」
之顯現，常以「天理、國法、人情」與來者共勉。

四、結語

　　吳忠信於公歷任軍政要職，於私是家族中的支柱。
公私奔忙之餘，園藝之樂，或許才是他的最愛。他常在
一手規劃的蘇州庭園裡，親自修剪、壅土，手植的紫
藤、楓樹、柳樹、紅梅、白梅等在園中，隨著季節的
變化而映放姿彩，園林美景是他內心的慰藉。吳忠信
1949 年回蘇州參加羅良鑑夫婦葬禮後，短暫地回到自
宅園林，感嘆地寫道：「園中紅梅業已開散，白梅尚在
開放，香味怡人。果能時局平定，余能常住此園以養殘
年，余願足矣。」（1949.2.21《吳忠信日記》）可惜，
這是他最後一次回到蘇州，之後再無重返機會，願與
天違。

　　這份與民國史事有補闕作用的《吳忠信日記》並非
全出於其個人手筆，部分內容為下屬或親屬經其口述謄
寫而成。1940 年，他就提到：「余自入藏以來，身體
時常不適，且事務紛繁，日記不時中斷，故託纕蘅兄代
記，國書姪代繕。」（1940.1.23《吳忠信日記》）且在
記述中，也有於當日日記之末，囑咐某一段落應增添某
公文，或是某電文的文字，或可見其在撰述日記之時，
便有日後公諸於世的預想。或許是如此，吳忠信在撰寫
日記時，不乏為自己的行動辯白，或是對他人、事件之
品評有所保留的情況，此或許是利用此份日記時須加以
留意的地方。

編輯凡例

一、 本社出版吳忠信日記，起自 1926 年，終至 1959
　　 年，共 34 年。其中 1926 年日記為當年簡記，兼
　　 錄 1951 年補述版本；1937 年至 1938 年於太平洋
　　 戰爭爆發後，其家人逃離香港時焚毀，僅有補述
　　 版本。

二、 古字、罕用字、簡字、通同字，在不影響文意
　　 下，改以現行字標示。

三、 日記中原留空白部分，以□表示；難以辨識字
　　 體，以■表示。編註以【】標示。

四、 作者於書寫時，人名、地名、譯名多有使用同音
　　 異字、近音字，落筆敘事，更可能有魯魚亥豕之
　　 失，為存其真，恕不一一標註、修改。但有少數
　　 人名不屬此類，為當事人改名者，如麗君改名麗
　　 安、曾小魯改名曾少魯等情形，特此說明。

目錄

1954 年（民國 43 年）　71 歲

1月1日　星期五

陽光普照，大地回春，象徵民國四十三年前途光明。清晨到同鄉八十二歲許靜仁（世英）老先生家賀年，又到老同志于右任先生家賀年。上午九時到台北賓館，參加本黨舉行團拜典禮，由于先生任主席，並致獻詞，計到工作同志四百餘人。上午九時半到國民政府大禮堂，參加四十三年元旦開國紀念暨團拜儀式，計到高級人員三百餘人。禮堂中到處喜氣洋溢，恭喜之聲此起彼落。蔣總統親臨主持，領導行禮如儀後，並簡單致詞，嗣即親自宣讀告全國同胞書。至九時五十分禮成。預料今年是我們最艱苦奮鬥之年，已經有幾件較大事件擺在我們面前：

一、召開國民大會，選舉總統與副總統。

二、召開反共抗俄救國會議。

三、有關人事方面者，行政院或須改組，與軍方高級大員任期屆滿之調動（已經連任過一次），如參謀總長、陸軍總司令、後勤總司令等等。

四、財政赤字預算如何彌補，很成問題的。

五、台灣省議員之選舉與縣市長之選舉。

六、國際變化不定，均不願作戰的，仍是一個冷戰拖的趨勢，與衝突之事頻繁。

我們處此環境，祇有警覺、團結、奮鬥、克苦，纔可大放光明。午後偕麗安、庸叔遊覽動物園，人山人海，購門票很為不易。

1月2日　星期六

今年新年，政府通知各機關、團體團拜後，不再彼此往賀。但仍有許多老友，往余寓賀年者。余特于今日偕伯雄酌予回拜，但較之往年已減少多多矣。

1月3日　星期日

現在是台北雨期，但最近三日日暖風和，乃台北冬季稀有之氣候也。午後偕麗安乘公共汽車至三張犁遊覽，該處接近高山，適合防空。嗣由三張犁乘公共汽車到衡陽街遊覽，步行至北門，再乘車回寓，頗覺舒適。

1月4日　星期一

上午十時半到陽明山參加革命實踐研究院國父紀念週，總裁親臨主持並訓話。有對于人事，要用專門人才，注意選、訓、用三方面，就是選人才、受訓練，而後要用此種訓練人才。至十一時半散會。

1月5日　星期二

回拜審計部長張承槱、司法部長林彬、行政院政務委員董文琦，以及胡今予、李翼中、馬保之、李壽雍、王化南、劉文騰等。

1月6日　星期三

上午九時半參加中央常務會議，張秘書長報告一月初九日下召集國民大會命令。總裁說二月十日召開本黨全體會議，提名總總、副總統候選人。午後台中市長楊

基先來訪，他市長任期屆滿，擬再競選市長，但市長要
經本黨提名，託余向中央進言，並說俞省主席允支持。
余曰代為注意，並問主管者之意見。審計部張審計長承
櫨午後過訪，談一般審計情形，計談二小時。

1 月 7 日　星期四

艾森豪總統曾告美國會領袖，匪共如重啟韓戰，美
即直接報復，飛機攻擊大陸，海軍封鎖沿河。艾森豪向
國會提出國情咨文中，有決續予中國軍經援助。就美總
統上二項聲明，頗有向敵攤牌之勢。

1 月 8 日　星期五

中國國民黨台灣省黨部，本日上午八時卅分在南陽
街省黨部大禮堂，舉行第二次全省代表大會開幕典禮，
余前往觀禮。至時尚未開會，因事先退。

1 月 9 日　星期六

監察院副院長劉敬與（哲）先生，七日晨因食道麻
痺症，于早餐中進麵包時，食物淤塞氣管，不能下嚥，
溘然逝世，先後為時不足卅分鐘，無痛苦而終。其遺體
移極樂殯儀館治喪，于今日上午九時大殮，我于是時前
往弔唁。劉氏吉林省永吉縣人，享壽七十四歲，遺子女
七人，均隨侍在側，可謂福壽全歸矣。總統本日（九）
令：「茲依據中華民國憲法第二十九條之規定，國民大
會定于中華民國四十三年二月十九日集會。此令。」

1月10日　星期日

一、清晨在信義路家植杜鵑花、月季花及本地聖誕花
　　等，頗感興趣。

二、上午顧志誠及朱志一夫婦先後過訪。顧由台中
　　來，並送衣料，受之似有未妥，卻之又不可能，
　　頗覺為難。

三、午後三時到地方法院會議室，出席國民大會小組
　　會議，推余主席。至五時散會。

1月11日　星期一

　　清晨與張秘書長談前總統府秘書長王世杰免職，有
關前中國、中央兩航空公司案卷，經余閱後，與張秘書
交換意見。余認王世杰處理此案程序有錯誤，將來關于
此案當另有詳記。午後謝冠生副院長過訪，亦是談王
案。老同志邱宇記兄偕其女公子過訪，說他環境很苦，
上蔣總裁函，請求幫助，託余代轉。余將該函轉託許
秘書長轉呈，請總裁予以幫助。邱氏現年七十四歲，
福州人。

1月12日　星期二

　　兼任遠東美軍總司令的聯合國統帥赫爾將軍（四星
上將），昨午後由東京飛抵台北訪問，商討接運義士計
劃。保證如期（一月廿三）釋放義士，並警告匪共勿圖
陰謀阻撓。與赫爾將軍同來者，有韓境美軍第十軍軍長
克拉克中將。上午在信義路家中植羅漢松等花木，余最
感興趣是植樹。午後顧墨三、張宗良先後過訪。顧談王

世杰案，希望適可而止。張談在革命實踐研究院一般研究情形。

1月13日　星期三

上午九時半參加中央常務會議。張秘書長報告，台灣省黨部主任委員上官業佑與中央第五組主任郭澄對調。航立武、張慶楨午後先後過訪。航談在台中辦大學。張談在草山研究院任講坐三年之久，在中央黨普通委員名義都沒有。又說自大陸撤退，伊即應聯合國聘，每月美金一千二百元，為王世杰之挽留，故未前往，這是受王之耽誤。下午五時半至賈院長景德家出席小組會議，後即在賈府晚餐。

1月14日　星期四

美國國務卿杜勒斯演說，闡釋美國主動政策。要是北平政權在亞洲作任何新侵略行動，美國決立即攻擊匪區，保持沖繩島為隨時報復。艾森豪總統在記者招待會，表示同意。美助理國務卿毛頓就國務院立場提供保證，美決不承認朱毛匪幫。美聯軍統帥赫爾將軍昨日離台返日，行前重申決如期釋放義士。又美國駐遠東空軍總司令魏蘭上將，今日午後飛抵台北。最近美國政府軍政大員不斷來台訪問，大有山陰道上，迎接不暇之勢，益使台灣地位鞏固。午後郭部長過談，他認為戰事遲早都要爆發，他又說辦事很容易得罪人。余曰如至萬不得已時，要得罪人，則君子可以得罪，小人還是不要得罪。蓋得罪君子如是對的，則君子必感激你的，如得罪

不對的，則君子可以寬恕的，如得罪小人即反是。午後三時監察院秘書長楊亮功、首席參事張目寒來訪，談到于右任先生副總統事。余曰于先生有革命攸久歷史，且在第一次國民大會競選副總統，有于先生、孫科、李宗仁、程潛四人。現在孫、李、程三人或走開，或投敵，現在台灣反共抗俄只有于先生一人，如提出國民大會比較容易通過。不過于先生步履維艱，最易受人批評的。余與于先生私交最篤，當然為之鼓吹。

1月15日　星期五

下午三時卅分至總統府，出席檢查王前秘書長世杰辦公室案卷第二次小組會議。此次案卷經一個月之檢查，其大致情形，不外擅權與手續不清很多。決議請許秘書長、桂參軍長分別輕重，予以整理。

1月16日　星期六

此次台灣省黨部改組，中央黨部第五組主任鄧澄當選為省黨部主任委員，前省黨部主任委員上官業佑調第五組主任，今日分別交結，由余監交。余上午九時到省黨部大禮堂舉行監交，參加人員除新舊主任委員及新舊委員外，有省黨部全體工作同志。余致詞，並由新舊主任致詞，典禮于九時五十分完成。上午十一時到第五組監交，先由余致詞，繼由舊主任郭澄致詞，再由新主任上官業佑致詞，然後與第五組全體人員合影，以留紀念。

1 月 17 日　星期日

　　監察院委員張維翰（蒓鷗）本日上午過訪，擬謀監院副院長。他說不擬另外活動，聽候中央提名，託我幫助。台北市長吳三連過訪，對于當下政治表示不滿。余曰我們見面太晚，殊為可惜。

1 月 18 日　星期一

　　上午十時半到陽明山大禮堂參加紀念週。革命實踐研究院黨政軍聯合作戰第一期結業典禮，及立法院、監察院、台灣省黨部、鐵路黨部、海員黨部等五個黨部新改選的主任委員與委員宣誓就職典禮，與紀念週合併舉行。蔣總裁親自主持，並致詞，說明宣誓之意義與夫互相合作之精神，並強調反官僚、政客、軍閥等等。十二時散會。午後二時半，台灣鐵路黨部改選後舉行新舊委員交結儀式，由余監交，新主任委員仍係前主任莫衡連任。余致詞，大意新舊主任都是莫同志，無所謂交結，且監交是一種形式主義，應注意精神與業務交結。例如在改組前未完成工作，應該在改組後積極完成，尤其在改組後另定新計劃。現在交通雖有飛機、公路、輪船運輸，而鐵路運輸仍居重要地位。台灣鐵路進步，秩序良好，時間準確，而平等號列車無分貴賤，更有意義。大陸上鐵路秩序太壞，所以我們失敗，今後望諸同志以台灣鐵路為模範，將來改良大陸鐵路云云。

1 月 19 日　星期二

　　朱騮銑兄患胃出血症，住中心診所醫治，余于上午

十時前往慰問。午後三時到善導寺晤李子寬兄，他主張
約許汝為兄來台灣。又會見子寬公子天培，天資聰敏，
現在台灣大學讀書，以有肺病暫時休息，十分可惜。

1月20日　星期三

申叔同學陶宗玉君由巴黎回國，今日上午十時來
見。說申叔身體甚好，亦很用功，並說巴黎生活太貴，
居住不易。

1月21日　星期四

許汝為公子勇之由李子寬陪同來見。許公子新由廣
州來，說他父親已收到蔣先生信，他父親託余轉告蔣先
生。又勇之擬在中華紗場蒙工作，請我向洪蘭友說話。
徐佛觀日前來台北醫鼻疾，今日午後與其見面。暢談未
來的國際形勢，他說在八月以前還是談和平，是無結果
的。美國態度日趨強硬，台灣在國際地位聲譽日高，為
人重視。

1月22日　星期五

午後三時主持第十七次紀律委員會會議，至六時半
散。今日很有幾件較重要案件，如羅家倫在印度大使任
內救濟新疆難胞報銷案，王兆槐前任京滬鐵路局，有人
控訴貪汙案。

1月23日　星期六

陶宗玉君再來見，留午飯。再談申叔在巴黎生活情

形，據云現正學法文、英文，時間很忙，很少出外。宗玉身體亦不強健，儀表甚佳，規其外貌，是一個有希望青年。伊今年二十六歲，中文、法文都有根底。

1 月 24 日　星期日

鄰居同鄉龔禮珂偕同李銑過訪。李現住台南，閒居無事。

1 月 25 日　星期一

天氣忽轉冷，至五十八度。

1 月 26 日　星期二

反共義士返國記

共匪參加韓戰，死傷一百多萬中國子弟。迨停戰協定簽字後，交換戰俘，在聯軍方面有中、韓反共戰俘二萬二千多人（內中有中國反共戰俘一萬四千數百人）不願回到共匪方面。因此經雙方長時間之談判，在南北韓之間劃一中立地區，以中立國印度、瑞典、瑞士、捷克、波蘭組織遣俘委員會。雙方將不願回去戰俘交該委員會管理，由印度派兵五千至該中立區監俘，由各該方派人向各該方不願回去戰俘「解釋」。反共義士奮鬥三年，又在印度軍監視一百二十天，以不屈不撓，忍耐堅持，歃血刺背的精神與共匪鬥爭，重返祖國懷抱。共匪多端陰謀解釋工作，澈頭澈尾失敗，共匪自己亦認失敗。聯軍統帥部於一月二十三日零時一分鐘，監俘期滿時，宣佈二萬二千中、韓反共義士恢復平民身分。中國

反共義士一萬四千二百多人，由美國派登陸艇十五艘，從仁川港運送。我反共義士，乘風破浪，投向自由祖國的台灣。美國又派驅逐艦四艘，沿途護送，照料週密，可感可佩。台灣各界于一月廿三日開盛大慶祝會，以二十三日為「自由日」，大會鳴鐘、燃火焰演說、捐款遊行等等活動，熱烈歡呼。

反共義士于一月廿五、六、七，三日，在基隆港登陸，我同胞舉行空前未有熱烈歡迎，鞭砲聲、口號聲震動了天地，盡量與義士們溫暖。這些義士們都是在大陸上被迫參軍老百姓，一萬四千二百多人中，有許多都是知識青年。

反共義士恢復自由，可以說是民主打一勝仗。此不只在我國反共抗俄革命歷史上是一件劃時代的事績，亦在全人類戰史上，亦算是反抗暴政輝煌燦爛的一頁，予自由世界最大有力鼓勵。

反共義士歸來，使朱毛共匪號稱數百萬大軍軍心之不振，與夫大陸億萬民心之動搖。

反共義士歸來，使自由世界重視自由中國。

我們在抗日期間，日本突襲珍珠港，我國際地位忽然增高。今者反共義士歸來，其精神亦等于珍珠港事變我國地位之提高。今後應善于運用，勿蹈珍珠港事變後，國際地位由最高而降至最低，因而大陸上之慘敗。

1月27日　星期三

午後立法委員楊一峯過談，暢論三民主義與一般中國故有文化。午後五時半至王亮籌先生家出席小組會

議，即在王家晚飯。

1 月 28 日　星期四

葉軍長成現駐台南，午後來見。據云現在軍隊確有進步。農曆年將屆，親友送禮尚不能免。

1 月 29 日　星期五

關于王雪艇案，本日中午張曉峯秘書長約王亮籌、張岳軍、陳辭修、謝冠生、許靜芝、周宏濤及余等八人舉行小組會議，並便飯。詳情另記。

1 月 30 日　星期六

上午十時安徽國大代表、立法委員、監察委員假武昌街十八號，商討慰勞由韓歸國反共義士座談會。推余主席，決議捐款及推派代表前往慰問。並商定二月十四日（即農曆正月十二日）國代、立、監委員舉行新春聚餐，以資聯歡。

1 月 31 日　星期日

上午九時偕庸叔至中山堂參觀陳永森先生畫展。陳係台灣人，在日本習畫聞已二十餘年，其作品多是本日作風。

2月1日　星期一

上午九時到中山堂參加聯合紀念週，國民大會秘書長洪蘭友報告國民大會有關問題。大意此次召集國民大會，完全根據憲法規定。三月廿日選總統，再選副總統，並將處理監察院彈劾李宗仁案（副總統），這是此次召開大會重要兩件事。又說此次義士歸來象徵自由勝利，國大集會象徵民主勝利。

2月2日　星期二

上午十時到總統府參加二月份月會。午後與昆田談話，他說合肥同鄉將于本月五日舉行茶會，送余七十簽字祝壽文。今日癸巳年除夕，余與惟仁夫人、曾伯雄弟及庸叔兒共進晚餐。

2月3日　星期三　甲午年元旦

昨夜、今晨砲燭聲不斷之中，慶祝一年一度農民節。儘管大家一再說不要拜年，但俗例與感情難免，還是往返拜年。我深深感覺不管過陽曆年或陰曆年，都是勞命傷財的，尤以年老人更覺辛苦了。

2月4日　星期四

今日立春，社會迎春接福，砲燭聲所在皆是。我外出回拜友人，汽車拋錨三次，天又陰雨，真正勞命傷財了。

2月5日　星期五

余夫婦昨年七十雙壽，在台合肥同鄉作壽序以留紀

念。今日上午十時，同鄉諸公假台灣省立台北商業職業學校圖書館，舉行春節聯歡茶會，同時向余面獻壽序冊。由金幼洲兄主席並致詞，由同鄉七十二歲老人陳銳夫興支先生獻序冊。余接受序冊，作簡單謝辭，表示卻之不恭，受之有愧，強調未能對桑梓造福。復講讀余少年時春節對聯，有「傳家有道惟存厚，處世無奇但率真」、「忠厚留有餘地步，和平養無限天機」、「靜坐常思己過，閒談莫論人非」，余即以此為一生座右銘。最後向諸同鄉賀春節，盡歡而散。此壽序冊乃駢體四六，既古且雅，將余一生事業敘述甚詳。計二千五百二十五字，合肥同鄉簽名一百九十二人。此壽序冊余當特別保存，待大陸光復後，將轉獻合肥圖書館，為永久之紀念。本日中午十二時半到台北賓館參加中央委員聚餐。餐後再參加臨時中央常務會議，討論本月十五日臨時全體會議有關問題，如總統與副總統本黨提名候選人等等。致三時半散會。今年過農曆年計劃，麗安與余彼此意見頗有相左，今日衝突更甚，誠家庭之不幸。庸兒尚識大體，從中奔走，可喜。總之家事一切要余負責，我的主張不能同意，實令我百思不得其解，我心恢矣。今日一天非常辛苦，精神非常不振。畫家孫多慈女士週遊歐美，日前返國，今午後過訪。據云在巴黎看見申叔，說他身體甚好。

2月6日　星期六

蔣老太太約余午飯。午後陳老太太（英士夫人）家拜年，此老足痛不能下床。又陳勤士先生（立夫父親）

家拜年，此老已八十四歲。美國務院中國局局長麥柯納
海在國務院公報上發表一篇檢討美國目前對華政策的重
要論文，被視為美國對華關係的新的白皮書，正式否定
一九四九年艾奇遜、傑塞普的白皮書。他強調所有對中
國政府及其領袖抨擊與譴責，是基于純私人之私見，與
乎個人一時的怨憤。這就是承認過去美政府之錯誤，因
此予中國地位加強與國際的間新認識。

2月7日　星期日

鄒海濱（魯）先生農曆明日正月初六日七十誕辰。
因鄒先生曾重風，行走不便，本晚中央黨部特在鄒府
設席為鄒先生暖壽。約老同志于右任（七十六歲）、
賈景德（七十五歲）、王亮籌（七十四歲）、何雪竹
（七十三歲）、吳忠信（七十一歲）、馬超俊（六十九
歲）、鄧家彥（六十六歲）、張其昀、鄭彥芬二人均
五十二歲等作陪。

2月8日　星期一

一、上午九時參加中央紀念週，第六組副主任陳建中
　　報告反共義士歸來之經過。此種堅決奮鬥之精
　　神，實在令人可佩。
二、十一時鄒海濱兄家簽名祝壽。
三、應國大聯誼會約，往鐵路飯店參加茶會，商討國
　　民大會第二次大會有關問題。
四、段一鳴陪段昌義來見。昌義係段芝老之孫、段宏
　　業之子。昌義現任團長，駐花蓮。芝老（琪瑞）有

此孫，可謂後代有人了。

2月9日　星期二

晚八時參加臨時中央常會，係有一般不合法候補本黨國大代表要求列席國民大會，特推代表向常會陳述意見。余請假先退。

2月10日　星期三

上午九時半參加中央常務會議，仍討論國民大會諸種問題。至午後一時半散會。現任台中市長本日午後來見。據云此次本黨假投票台中市長候選人，市黨部主任委員林金標辦理選舉，在法令、規章頗有疑慮之處。

2月11日　星期四

關于前總統府秘書長王世杰案，牽設端木愷（鑄秋）部份，已經上兩次小組會議，主張將端木總統府國策顧問及中央黨部設計委員開去，經張秘書長其昀報告總裁，已告一段落。不料于昨日晨，總裁以總裁最後決定權親下手令，將端木開除黨籍，這也是總裁行使最後決定權第一次。此事余在公在私運用保全黨籍，儘未能成。端木係本黨才智之士，如此結果，也是本黨損失。今（十一）晨與張秘書長晤談，及洪、張兩副主任磋商，只得照令執行云，俟經過相當時間，再請恢復黨權。

2月12日　星期五

上午總統府許秘書長靜芝過訪，研究前秘書長王世杰辦公室案卷檢查結果處理計劃。合肥同鄉送余壽序，頗費精神，本晚在虞克裕家設素席，招待陳興支（合肥在台同鄉最長者）、金幼洲（合肥同鄉會理事長，主張壽序者）、成滌軒（作壽序者）、郭元嶠（書壽序者）、江絜生、巴壼天（二人幫作壽序）、曹頌楚、虞裕（二人奔走者）、周昆田（全盤計劃主辦壽序者）。

2月13日　星期六

上午十時到總統府出席王案案卷檢查小組會。王氏不盡職責罪名確已確定，決定由許秘書長報告總統核辦。午後三時半何敬之、莫德惠約在鐵路飯店，商討有關國大代表經費待遇諸問題。午後五時半看鄒海濱先生病，已至最嚴重階段。

2月14日　星期日

鄒海濱先生竟于昨日午後六時逝世（距余探視前祇隔一小時），其病因腦部出血太多，享壽七十歲。在一星期前，我們曾為鄒先生暖壽，人生若夢，我們又走一個老友，感慨良多。上午九時半特到殯儀館弔唁。台北市市長及省議員本黨提名候選人，本黨黨員今日舉假投票，余于上午九時至中央黨部投票。下午六時至裝兵軍官俱樂部，參加皖籍國大代表立監委員春節餐會，以資聯歡。

2 月 15 日　星期一

本黨召開第七屆中央臨時全體會議

一、上午九時到陽明山參加中央委員會臨時全體會議
　　開幕典禮。蔣總裁親臨主持，並說明此次會議主
　　要任務為提名中華民國第二屆總統、副總統國民
　　候選人。又強調如黨內同志為總統候選人，即以
　　于右任先生為適宜，如提黨外人為總統候選人，
　　則以胡適之先生為適宜，希望全會作周詳考慮和
　　慎重決定云云。于右任先生立即在典禮中致詞，
　　強調請總裁連任艱鉅，又說打回大陸，總裁是我
　　們最好總統。于氏呼籲全體同志推選蔣總裁為第
　　二屆總統本黨候選人云云。

二、開幕典禮完成後，全會即舉行預備會議，仍由總
　　裁親自主持。推舉主席團，擬定臨會日程表，遂
　　即散會。

三、上午十時半開第一次會議，全體同志紛紛發言，
　　一致通過擁護蔣總裁為下屆總統本黨候選人，要
　　請總裁對國家民族負責。

四、午後四時開始選舉總統候選人，由中央評議委員
　　何應欽擔任投票監察員，吳忠信、張羣擔任開票
　　監察員。投票中央委員卅二人，以無記名單記法
　　選舉總統候選人。投票結果，蔣中正總裁得卅二
　　票，當選為中華民國第二屆總統本黨候選人，全
　　場熱烈鼓掌，歷久不絕。並推主席團梅友卓、陳
　　逸雲，中央評議委員于右任、王寵惠及秘書長張
　　其昀晉謁蔣總裁，報告選舉經過。總裁允予考慮

云云。是則本黨總統提名，至此告一段落。

五、晚十時余已就寢，張秘書長其昀忽來訪，說有事
面告，余起床迎見。據張云，總裁囑其詢問余對
于副總統人選之意見。余答曰，假如總裁不要陳
誠（號辭修，現任行政院長）管軍事與政治的話，
可以用他做副總統，否則與其用一位歷史不完備
資格老的人，不如用一位歷史完備資格淺的人，
請你轉達總裁云云。這是我不贊成某某革命歷史
不完全之官僚任副總統者也，本黨數十年迭次受
官僚之害，言之痛心。

2月16日　星期二

一、清晨七時半中央黨部來電話，囑余八時半趕到陽
明山，參加中央臨時常務會議，余準時趕到。蔣
總裁主席，向常會提出陳誠為第二屆副總統本
黨候選人，陳堅辭，余與張道藩先後發言表示贊
成，遂即散會。

二、上午九時參加臨時全會第三次大會，總裁親自主
持全會，指出副總統人選應有三個條件：第一、要
忠黨愛國；第二、要負責盡職；第三、要任勞任
怨。總裁根據上項標準，提出副總統候選人以陳
誠為最相宜，徵求全會同意。我首先發言支持，
略指提陳誠同志為副總統候選人是最適當人選，
因為陳誠同志能任勞任怨，而且負責苦幹，不但
對主義有深切瞭解，而且能實行主義，忠誠服從
領袖，在台這幾年已著有很大成績云云。繼我之

後發言有中央委員張道藩、黃朝琴、蔣錫福、陳逸雲、吳化鵬等，一致熱烈表示提陳誠同志為副總統候選人。

三、上午九時四十分宣佈進行副總統候選人選舉，仍由何應欽、張羣、吳忠信任投票及開票監察員。全體中央委員卅二人，總裁宣佈投票結果，陳誠同志得卅票，「依照中華民國第二屆總統副總統本黨候選人提名辦法」第三條之規定，當選為第二屆副總統國民黨候選人，全場熱烈鼓掌。本黨副總統提名，至此完成。

四、下午三時舉行大會閉幕發表宣言。

五、下午七時蔣總裁在台北賓館招待新提名副總統陳誠，及中央評議委員、中央委員晚餐。

六、我對于此次臨時全會之感想。人人希望反攻大陸，安定台灣，一致擁護蔣總裁為本黨總統候選人，毫無疑問的。至副總統由蔣總裁提名陳誠同志，亦是一致贊成的，是很簡單容易的。但為適應時代，不得不舉行民主形勢，兩日臨時全會來決定耳。

2 月 17 日　星期三

老朋友老同志鄒海濱（魯）先生於二月十三日下午六時病逝。在一小時前往視病，正是氣喘，已至四大解體最後時間，情況痛苦，自不待言。蓋每一個人都要經過此最後關頭也。鄒氏廣東大浦人，現任中央評議委員，歷任嶺南大學校長。本月七日為鄒先生七旬大慶前

一日，是夕張秘書長其昀為鄒先生設宴暖壽，余被邀作陪。席間鄒先生舉止雖微有顫動，但酒闌客散，鄒先生尚能揖謝門外。不意此聚頓成人天之別，曷勝悲悼。中央黨部為鄒氏組織治喪委員會，余為治喪委員之一。因十五、十六兩日適值中央委員舉行臨時全體會議，以至延遲今日（十七）為鄒氏舉行喪事。上午八時到中央黨部參加第一次治喪會議，九時在極樂殯儀館舉行大殮。先由治喪委員會公祭，再由蔣總裁領導中央評議委員及中央委員諸同志公祭。一代名人，從此永別。副總統候選人本黨已提名陳誠，在事先我亦有被提名資格，茲有一段新聞如後。

【前缺】知道政治行情較熟的人，則把他們的猜測力還是集中在國民黨內部的元老們身上。說到此點，也可以分為「老元老」與「壯元老」的兩大類別。蔣先生若在老元老中物色人選，大家便會想到于右任、王寵惠、吳忠信三位先生。于先生在國民黨的地位，國人都半知道；尤其是來台以後，其忠貞的表現，決不後于青年，其有資格當副總統，是不待多說的。王寵惠先生國際知名，精于法學而長于活用，籍屬廣東，與華僑有關；所以若絕對不考慮健康問題，則此老的條件似乎又在于先生之上。至於吳忠信先生，雖寫字不及于先生，法學不及王先生，但為人能持大體，與蔣先生的私誼特篤，而在政治上常以團結為己任，其健康又較上兩老為良好，有的人認為此老也是一位適當的人選。

正如宋朝程夫子所悟出的一番大道理一樣，天地間

事，都是花花相對，葉葉相當。老元老中大家不約而同的想到上述的三位，壯元老中大家也不約而同的想到下述的三位：即張岳軍、陳辭修、何敬之三位先生。

張岳軍先生以局度開朗，善于融和人事見稱，所以蔣先生離不開這樣的一個助手。自來台閒居，私的參贊密勿，忽一轉而充陽明山實踐研究院的主任以後，大家更相信這是蔣先生為他再負大責作地步，于是副總統的位置，是最為現成的。陳辭修先生作事很有氣魄，據最了解他的人士說：他的天才是在政治而不在軍事，所以到台主政後，成績斐然，加以自充第九戰區司令長官時候起，社會即風傳蔣先生是培養他作「領袖」的繼承人。今日培養之功既熟，則其擔任副總統可謂水到渠成。何敬之先生是蔣先生打天下的老副手，自統一兩廣時候起，無役不從，無艱不與；從前胡漢民先生曾比之為郭汾陽；加以為人平易坦蕩，與物為春，不殖私人勢力，則蔣先生若提他當副總統，不論就酬庸報功，或訏謨襄贊，又何常不是天衣無縫？

以上所說的，都是合理猜測的綜合報道；除此以外的，則多近於流言，不足齒錄，今日我們一切只能倚賴蔣先生個人的智慧。任何猜測，都是多餘的。此一幕猜測之戰，只可留供將來研究歷史心理學的人的參考而已。【後缺】

2月18日至3月25日　星期四至四
第一屆國民大會第二次會議

　　第一屆國民大會第一次會議係卅七年三月廿九日在南京舉行，現在總統、副總統任期只剩九十天，在國家蒙受歷史大危難時期，憲法法統不可以中斷，所以召開第一屆國民大會第二次會議。自從二月十九日起開會，至三月廿五日閉幕，計一個多月，其中經過情形甚為複雜。茲擇其中犖犖大者，分別敘錄于後。

甲、大會開幕式

一、二月十九日上午十時，在中山堂舉行第一屆第二次會議開幕典禮，出席代表一千四百八十七人，推胡代表適之為臨時大會主席。胡致開會詞，闡釋大會任務，依法選舉第二屆總統、副總統，使憲法法統不斷。

二、蔣總統親臨大臨大會，報告六年來政局的演變，反共抗俄前途險惡中已有轉機，願奮勉完成憲法所賦予使命。

三、由韓國歸來一萬四千名反共義士，齊集中山堂廣場前歡呼祝賀。推代表五十人，在場熱烈掌聲中，持各省市地圖型標牌分列進入會場，向大會致敬，令人十分感動。國大代表中，有很多下淚者。大會主席當向義士致詞，感謝反共義士帶來最大的興奮。

乙、選舉主席團

一、二月廿日，國大首次預備會議，推何應欽主席。
在上、下午一共六小時的會議時間中，有五小時
是討論主席團選舉辦法案。經表決結果，照第一
屆國民大會第一次會議主席團選舉辦法，原案通
過。1. 主席團主席八十五人，由大會代表就主席
團候選人總名單內，用無記名單記法選舉之；2. 主
席團候選人總名單，以下列方法產生候選人構成
之，即每一代表產生單位選出一位，不以本單位
產生代表為限，又代表十人合推一名，但每一代
表以推舉一次為限。

二、二月廿三日上午，各單位國大代表在中山堂集
會，分別推選各單位主席團候選人一人，並由各
單位年長代表召集。我已七十一歲，係安徽國大
代表中年最長者，故由我召集，並承安徽國大代
表推選我為安徽單位主席團候選人。各單位及十
人連署候選人，產生共一百四十餘人代表參加競
選主席團。

三、二月廿四日上午九時，舉行國大第二次預備會
議，陳啟天主席，票選大會席團。由全體出席代
表一三三〇人圈選主席團八十五人，負責執行大
會議事及行政事項，計谷正綱、陳濟棠、薛岳、
黃珍吾、張羣、黃季陸、方天、何應欽、莫德
惠、鄒作華、張其昀、韓春暄、吳忠信等八十五
人當選為主席團。

四、此次選舉主席團，競爭非常激烈，充分表現民主
　　精神。我本意以年老不擬競選主席團，故未向各
　　方爭取選票，但中央黨部必須支持我競選，並于
　　廿三日送來黨部所控制之本黨同志選票十五張。
　　計賀衷寒（湖南）、匡正宇（江西）、閻奉璋
　　（熱河）、鄭仲平（山東）、高廉九（山東）、
　　宋化純（江蘇）、趙惜夢（遼寧）、于華峰（河
　　北）、周烈範（河南）、趙執中（安徽）、劉任
　　（河北）、王天鳴（山東）、趙雪峯（山東）、
　　謝掙強（台灣）、楊繼曾（安徽），以上十五位
　　同志內，有少數認識或知其名，而大多數素昧生
　　平。我自己又接洽安徽代表陳獻南、趙覺民、孫
　　中岳、劉瑞昌、王善強、王立文、王帥信、李國
　　彝、戴樹仁，又浙江代表許靜芝、廣西代表李憲
　　章、四川代表李寰，總共我的選票廿七張。嗣經
　　研究，有一百四十餘人競選，如有選票十張，即
　　可當選，我既有廿七張選票，當選已無問題。所
　　以至廿四日晨投票之先，知杭立武、盧熟競選票
　　不夠，特將我的基本票，合肥同鄉戴樹仁小姐票
　　讓杭立武，李國彝票讓盧熟競。更以四川代表在
　　台不多，特勸李寰一票歸回四川。除讓去以外，
　　尚有廿四張票。投票結果，我得十七票，當選主
　　席團第十三名，杭立武以九票當選主席團第八十二
　　名（如八票不能當選），盧熟競以六票未能當選。
　　安徽籍代表當選主席團，除我外，尚有胡適、杭立
　　武、方治、張宗良一共五人，可以說圓滿之至矣。

丙、陳行政院長作施政報告

　　三月四日上午九時半，舉行第三次大會會議，主席團推舉我擔任大會主席。先由秘書處宣讀報告事項，及上次會議記錄。至十時，大會聽取陳誠院長所提施政報告，大要如下：歷述過去六年來施政措施進度，確保台灣向反攻大陸目標邁進，堅信復國大業一定成功。累積台灣建設成就，充實反攻大陸準備，國軍戰力士氣提高，財政收支接近平衡，農工業生產不斷增加，經濟建設進入新階段云云。國大代表一致贊成陳揆施政總報告，表示極大欽佩信任與支持。

丁、罷免李副總統宗仁案

　　三月十日上午九時半，第六次大會，推王代表雲五主席。討論監察院彈劾副總統李宗仁違法失職案，其案文大意如下：

　　三八年秋冬，大陸局勢惡化，李宗仁身為代總統，竟託病遠遁海外，不顧輿論指責與各方勸阻，希圖自全，而猶自稱「在美照常批辦公文，府務並未廢弛」。依憲法所規定之總統職權，豈能在國外行使，其弁髦憲法，背棄人民，失職誤國，一至於此。迨蔣總統於卅九年三月一日，因國人環請依法復行視事，李宗仁以副總統代行總統職權之狀態，即不復存在，應該履行其就副總統職時的「遵守憲法，盡忠職務」的誓言，立即回國，共濟時艱。不料竟置各方敦促於不顧，厚顏爭持所謂「合法地位」，攻擊政府，其不識大體，背誓違憲，言行荒謬，自絕國人。

　　大會討論此案時，各代表要求發言極為踴躍。咸認李宗仁違法誤國，在國難嚴重之時，棄職遠走，並盜竊名義，擅發命令，意圖顛覆政府，危害國家，應予罷免。對其應負司法之責任，亦應由司法機關依法辦理。發言至十一時四十分，經主席徵詢大會意見後，決定採取投票表決方式，並宣佈下午三時繼續開會，投票表決。下午三時四十分繼續開會，由何代表成濬主席，宣佈投票表決副總統李宗仁罷免與否。歷一小時，投票始畢，遂即開票，主席宣佈投票表決結果：「依照總統副總統罷免法第十條及第十二條之規定，監察院對於副總統向國民大會提出彈劾案時，國民大會應就副總統罷免與否為決議，前項決議，以出席國民大會代表三分之二之同意行之。本日出席大會代表一千四百八十六人，對於監察院提出彈劾副總統李宗仁違法失職案，經以無記名投票表決，計同意罷免者一千四百零三人，已過法定人數，副總統李宗仁依法應予罷免。」時已下午六時，大會一片熱烈掌聲中結束。這是國民大會行憲以來，首次行使憲法所賦予罷免權，表現民主法治精神，尤為難得。

　　查李宗仁違法誤國，實為親者痛仇者快，自毀個人歷史不足惜，甘與自由中國全體為敵，實不可恕。李宗仁自代總統後，行為錯誤，我疊次忠告，雖當面接納，過後則不兌現，其違信背義，自欺欺人，殊堪痛恨。李氏乃一不學無術的軍人，根本不知政治、經濟為何物。六年前國民大會代表袞袞諸公，票選李氏為副總統者，責任十分重大者也。

戊、吳國楨發表反動言論

一、吳國楨自美國發出致國民大會函一件，三月八日由郵遞到大會秘書處，經報告主席團。八時晚主席團會議討論是否公開發表，頗有不同的意見，未得結果。九日晚主席團再開會議，決議不予受理，並向大會報告。

二、吳國楨來函很長，茲摘要如下，略稱：

為圖恢復大陸，必先取得下列條件：1.台灣八百萬同胞之竭誠擁護；2.海外一千三百萬僑胞之中心悅服；3.各友邦，尤其是美國之有力及不斷同情與援助。但若思取得此三項條件，則須拋棄個人或一家之思想，實行真正民主政治，捨此以外，別無他圖。茲謹將我政府所採取現行政策與此原則違背之點，舉其大者，縷述如下：

1. 一黨專政，國民黨經費乃政府，即國民之負擔。且就黨內而言，亦係仿效共產黨「民主集權」制，所謂「民主」，實係虛偽，所謂「集權」，卻是實在。

2. 軍隊之內有黨秘密組織及政治部。軍中降升，而以政治部與個人之關係為主，士氣受政治部摧殘迨盡。楨曾與各方有識人員私人談話，上至將官，下至走卒，其對政治部觀感惡劣，至無可復加之點，甚至有言「一朝作戰，必須先殺政治部人員」。以此檢閱實習於平時，或可欺人，以此恢復大陸于戰時，則不寒而慄。

3. 特務橫行，干涉選舉，擅捕人民，威脅敲詐，苦刑拷打，所在皆是。以此鞏固私人地位或可，以此求民眾之中心擁護，反攻大陸，則憂憂其難矣。

4. 人權無保障。由于特務橫行，台灣實已成為警察國家，人民權利，幾已剝削淨盡，無辜被捕被搜者，實不知有幾何人數。

5. 言論不自由。報紙停刊，記者被捕，事實具在，勿庸贅述。

6. 思想控制。所謂青年反共救國團之成立，實係模仿希特勒之青年團。自救國團成立以後，動輒要求更換教員，壓迫學生，以此領導青年，實將遺害無窮。

以上犖犖大者六端，楨不必言，諸公想亦知之。茲謹建議大會，立即採取下列數項措施……（因文冗長，故從略）

大會為國家最高權力機構，在國家千鈞一髮之際，實應有所樹立，堅定人民對台灣的信心，奠定國家長治久安之政策。敬請大會討論，並將全文在台灣各報發表為感，為禱。此上國民大會代表。

　　　　　　　吳國楨上　二月廿七日

三、主席團向大會報告吳函，三月十日上午第七次大會，推秦代表德純主席。主席團報告處理吳函三項決議：

1. 吳國楨以現任行政院政務委員，在國外揚言政見不同，肆意詆毀政府，並欲藉大會開會期間，增

加其惡意宣傳之力量。主席團認為此種直接間接有利于匪敵之言論行為，實堪深惡痛絕。

2. 主席團曾于第六次會議時決定，凡個人向大會陳訴事件，依憲法之規定，不屬大會議事範圍。吳國楨來函應不予受理。

3. 上項決定，連同吳國楨來函一件，一併印送各代表。

大會代表聽取報告後，一致同意主席團拒絕受理吳國楨來函，認為極適當處理。大會代表激憤萬狀，紛紛發言，指責吳國楨肆意詆毀政府，荒謬絕倫，企圖挑撥軍隊和政工人員的感情，並離間友黨與民眾和政府合作，應予以從嚴查辦，以謝國人。

四、開除吳國楨黨籍。三月十七日上午，本黨中央常會議，蔣總裁主席。紀律委員會提案，其原文：「中央常務委員及行政院政務委員吳國楨在美發表荒謬言論，肆意詆毀本黨及政府，顯已觸犯黨章。經本會于三月十六日下午八時召集臨時會議，決議吳國楨開除黨籍，並交從政黨員同志，依法查辦。」常會決議通過（當日政府下令免去吳國楨政務委員）。蔣總裁向常會指示：「吳國楨案發生以後，本黨及政府均蒙受甚大影響，余（總裁）痛心之餘，深慨知人之難，而用人不當，對黨對國，尤覺負咎。現時及早察覺，猶為不幸中之大幸，否則將遭無窮之後患。吳國楨致國民大會函所提六項，久已為共匪及其同路人所渲

染，相信國際明智人士及多數人民均有認識，不
會受其欺騙。希望中央澈底研究改進，俾可宣示
中外，以正視聽。」總裁訓示後，隨即決定：「中
央各有關機關單位，應即研究分析吳國楨叛黨之
動機，及其思想錯誤發生之原因，並組織黨政關
係小組，對吳案若干問題進行檢討。」

我對吳案之批評：吳國楨受黨國長時間之培植，歷
任要職，對其信任與優遇，在黨員中稀有可與比
擬者，可謂天高地厚矣。以現任政務委員及本黨
常務委員，應該在國內提出善意忠告，為何在國外
發表反動言論，實在對不起政府，對不起本黨。此
案既已如此，本黨應本「有則改之，無則加勉」之
佳言，大大反省，大大改革，黨國幸甚。

己、臨時條款繼續適用

在六年前國民大會，因匪共猖獗，制定動員戡亂時
期臨時條款。其條文如下：「總統在動員戡亂時期，為
避免國家和人民遭遇緊急危難，或應付財政經濟上重大
變故，得經行政院會議之決議為緊急處分，不受憲法第
卅九條或四十三條所規定程序之限制。前項緊急處分，
立法院得依憲法第五十七條第二款規定之程序變更或廢
止之。動員戡亂時期之終止，由總統宣告，或由立法院
咨請總統宣告之。」此次國民大會第七次大會決議，戡
亂時期臨時條款，繼續適用。

庚、選舉第二任總統

一、三月十七日主席團公告蔣中正、徐傅霖為第二任
　　總統候選人。

二、三月廿日舉行第一次選舉大會，推胡適任大會主
　　席，選舉總統。投票結果，候選人蔣中正先生得
　　一千三百八十七票，候選人徐傅霖先生得一百七
　　十二票。依照總統副總統選舉罷免法第四條第三
　　項第一款之規定，「得以代表總額過半數之票數者
　　為當選」。本屆代表總額為三〇四五人，過半數
　　為一千五百二十三人，總統候選人二人所得票數
　　均未得法定過半數之票數。依同條同項第三款之
　　規定，「如候選人僅有二人，第一次投票無人得代
　　表總額票數過半數時，就該二名重行投票，以得
　　票較多一名為當選」。主席宣佈以兩位總統候選
　　人所得票數，均未到法定過半數，應重行依法投
　　票選舉。茲依日程表所定，應于本月廿二日上午
　　九時舉行第二次選舉大會。

三、三月廿二日舉行第二次選舉大會，推莫德惠主
　　席，選舉第二任總統。選舉結果，「候選人蔣中
　　正先生得一五〇七票，候選人徐傅霖先生四十八
　　票，蔣中正先生依法當選為中華民國第二任總
　　統」。國民大會主席團隨即正式公告，舉國誠懇
　　擁戴。

辛、選舉第二任副總統

一、主席團三月十九日公告陳誠、石志泉為第二任副

總統候選人。

二、三月二十三日上午九時卅分，舉行第三次選舉大
　　會，推左舜生任大會主席，投票選舉第二任副總
　　統。開票結果，陳誠先生得一二七六票，石志泉先
　　生得二三一票，兩候選人均未獲法定當選票數。依
　　照會議決定之日程表，定于廿四日上午九時舉行第
　　四次選舉大會，重行選舉第二任副總統。

三、三月廿四日上午九時卅分，舉行第四次選舉大
　　會，推王雲五主席。投票結果，陳誠先生得
　　一四一七票，石志泉先生得一〇七票。陳誠先生
　　依法當選為中華民國第二任副總統，全場熱烈鼓
　　掌歡迎。

壬、致送總統副總統當選證書及國民大會閉幕與遙祭
　　國父陵

一、主席團于廿四日晚九時，召開第十八次會議。公推
　　胡代表適、莫代表德惠、秘書長洪蘭友于今晨（廿
　　五日）致送中華民國第二任總統當選證書。公推左
　　代表舜生、王代表雲五、副秘書長劉東岩、崔心一
　　致送第二任副總統當選證書。此項證書，已于昨晚
　　（廿四日）經主席團全體八十五人簽名蓋章。

二、國民大會閉幕式于廿五日上午十時舉行，由于代
　　表斌主席，並宣讀大會宣言，全體代表一致鼓掌
　　通過。其宣言之重要者有：「當此國難嚴重時期，
　　我們以熱烈希望，將國家民族命脈付託與新選的
　　總統和副總統，希望他們以智慧與大決心，宏濟

艱難，重開新命，團結一切忠于國家民族反共力量，加強準備，提早反攻，以拯救水深火熱中的大陸同胞。」並報告世界，中國大陸共匪偽政權是違反全中國人民意志的，蘇俄傀儡一切的共匪行動，「非中國的」，是「反中國的」。任何國際會議有關中國事條之決定，不經中華民國同意者，中華民國政府及全體人民決不承認云云。

蔣總統繼大會宣言後發表演說，茲摘其大要如下。總統說這次會議不僅奠定了反共復國之基，並且建立了民主政治規範，大會在開會時表現之成就，可為世世代代之模範。民主就是以平等自由作基礎的，此次選舉就是基于這項基礎和原則完成的。各位代表以早日解決大陸同胞之痛苦，恢復他們民主自由，來督促政府反攻大陸，政府當然接受此一意見。大陸同胞在水深火熱中之生活，令人心痛，他們更了解民主政治之重要，沒有憲法，就沒有民主。國民大會制定了憲法，而且實行憲法，這是歷史上最偉大的成就。民主就是自由平等，自由的意義就是要守法，守國家的憲法，對個人就是要守本分。在國家法律之內，人人自由，在國民本分之內，人人平等。在法律本分之外，甚至在國境之外，侈談自由平等，以欺世炫己，這同共產黨是一樣的行為。總統坦誠的告訴代表們，共產黨或其同路人講政府不民主，政府也是時時要自反，要自省，是不是有什麼不合民主措施。同時希望全國國民時時舉

發政府不民主、不自由的措施，以作政府改進的
方針。總統向代表們保證，今後新政府成立，一
定接受國民大會諸君所付的使命，以及珍貴的建
議，切實檢討過去施政之得失，倘有不民主、不
自由的措施，都取消改進。總統特別說明，憲法
就是民主保障，我們都要對這寶貴的憲法尊敬和
遵守。政府如有不民主、不自由、不合憲法措施
時，任何國民、任何時間都可舉發，政府當竭力
改進。總統至是以極熱誠的語調告代表說，決以
個人生命和自由來完成國民大會以及全國國民所
付予的任務和使命。總統繼之又說，諸位票舉我
作第二任總統，並選陳誠先生為第二任副總統，
我們決不辜負國民大會所付予的使命。可是這一
艱鉅的使命，並非一兩個人所能完成的，須要全
體代表共同合作來完成。最後總統祝大會成功，
並祝各代表健康。總統致詞懇誠，各代表不絕於
耳的如雷掌聲及歡呼聲，迄未稍停。旋即典禮完
成，大會圓滿閉幕。

　　按蔣總統上項演說，是從來所未有的，不但
得全體國大代表興奮與滿意，而且得國內外人士
的讚揚。當此時也，亦惟有如此才能達到反共抗
俄，收復大陸之目的，才能實現中國人民之願望
與合作，才能獲得民主國家同情，尤其是美國的
援助。吾人論公論私，都希望蔣總統按照演詞，
切切實實，一一對兌，則任何困難都能克復，任
何救國建國等等大計都能成功。若然，則蔣總統

必成為中國的華盛頓，否則信用不立，民國前途，何堪設想。

三、全體國大代表于廿五日午後，在圓山忠烈祠舉行遙祭國父陵典禮，並致祭殉難軍民，同時舉行太原五百完人成仁召魂塚祭弔儀式。三時正，首先遙祭國父陵，由王寵惠主祭，吳忠信、于斌、左舜生、徐傅霖、王雲五、張希文陪祭。祭典開始，循禮獻花、鞠躬等禮，即告禮成。稍頃，仍由原主祭、陪祭者致祭忠烈軍民及太原五百完人。三時十八分禮成，儀式至為簡單隆重。

癸、附記

以上甲、乙、丙、丁、戊、己、庚、辛、壬九項記載，係國民大會五週中的重大事件。至有關于其他事件及私人之事件，茲摘其要者，載入附記中。

一、關于國民大會代表要求常設機構問題，因憲法無此規定，政府頗費躊躇，而代表們則期望甚殷。經吾人從中斡旋，最後由本黨中央常務會議決議，于總統府設立「光復大陸設計研究委員會」。其組織要點如下：

1. 本委員會委員，由總統就國民大會代表及有關人士聘任之。
2. 本委員會隸屬于總統府。
3. 本委員會設主任委員一人（內定副總統兼任）、副主任委員一人至五人，由總統指定之。

    4. 本委員會得按照問題性質與區域關係，進行分組研究。

    5. 本委員會事務，由國大秘書處承主任委員之命兼辦之。

二、二月十九日為前國民政府林故主席子超（森）誕辰。福州同鄉會于是日上午十時在該同鄉會舉行紀念典禮，余親往致祭。

三、二月廿七日上午九時與胡適之兄見面。胡詢總統府前秘書長王之案情，當將經過詳告。胡曰擬為王向總統進言。余曰似可不必。胡又曰萬一蔣總統談及，如何。余曰你可在情字方面替王說幾句話，不必說到法字與理字。胡很以為然。余又曰當儘量設法了結此案。

四、老朋友老同志孫靖塵（鏡亞）一月十七日在台中病故，享壽六十六歲。由我等發起，于二月廿八日上午九時假省立第一女中大禮堂舉行追悼會，余親往致祭。

五、羅佶子先生女公子申慧夫婦來見，擬將在香港的胞弟曼弟接來台灣謀生活。余主張仍以在香港較為妥當。

六、余自二月廿八日即開始傷風，仍勉強出席國民大會。三月八日開始發熱，不能支持，向大會及中央黨部請假三日。至十日不但熱度未退，而咳嗽加重，特請朱仰高醫師診治，只得繼續請假。至三月十七日方能出席大會，但咳嗽至四月初旬方愈。以一個月傷風咳嗽，又須出席大會，身體非

常吃虧。

七、三月廿四日致申叔兒函

　　　　三月廿日收到十一日來函及祝壽圖四幅，其章法之改進、筆法之蒼老，非昔日之可比。畫固進步，而字亦進步，閱後非常歡喜。廿二日（農曆二月十八日）為余七十一歲生日，兒遠道慶祝，使我無限愉快，祇因時局艱難，未作任何招待親友的舉動。惟適值蔣公是日依法當選第二任總統，人民懸旗慶賀，炮燭連天，熱烈空前。兒學業固應努力，而健康更應注意，父所掛念者即在此也。日前回看孫多慈女士，談到兒在巴黎起居。他強調深夜作畫，有傷身體，並說段大使亦以晝夜不分，有礙衛生，為可虞也。老太太身體安好如常，勿念。

　　　　　　　　　　　　　　父　三月廿四日

3 月 26 日　星期五

　　合肥同鄉武少齋（漢）夫人逝世，本日在善導寺開弔，余于午後三時半前往致祭。武子子初現任國軍團長，頗有能力。武夫人享壽六十九歲，真是福壽同歸。自二月十九日國民大會開會起，至昨日閉幕止，咳嗽尚未全愈，身體非常疲困，必須加以休養，深深感覺抵抗力大不如前。

3 月 27 日　星期六

　　武子初為母喪來謝步。子初現任團長，軍校第十六

期，現年卅七歲，頭惱清楚，合肥同鄉後起之秀。午
後六時半鄭通和（西谷）招待胡適之先生晚餐，約余
作陪。

3月28日　星期日

中午十二時，假臨沂街廿九巷五號招待胡適之午
餐，請錢思亮、楊亮功、杭立武、端木愷、孫立人、郭
寄嶠、劉真、鄭西谷諸君作陪。本日午後四時，同鄉高
長柱（石輔）兄的女公子宗俠與陳光華君在大鴻運舉行
結婚典禮，余親往道賀。

3月29日　星期一

上午拜訪梅校長貽琦，他是由美國來出席國民大會
的。並在梅處遇見國大代表卓定謀（號君庸），福州
人，七十二歲，此次由香港來出席大會。卓素來在北京
辦理銀行者。

3月30日　星期二

本會張副主任壽賢將赴越南處理黨務，今晨特與談
話。認為此行並無結果，而時間預定六個月，似覺太
長。我主張壽賢可以不去，萬不得已必須前往，則三個
月可矣。

3月31日　星期三

上午九時半參加中央常務會議，研究台灣省縣市長
及參議員選舉本黨提名問題。回看青年黨周謙沖兄，現

在聯合國中國代表團做事。日前回國出席國民大會，日
內即將赴美。並談該黨內部分裂情形。

4月1日　星期四

本年四月一日為中央通信社創立卅週年紀念日，本日上午十時舉行紀念會。承該社負責同志蕭同滋、曾虛白之邀約，特親往慶賀。中午十二時卅分，蔣總裁在台北賓館招待國民大會秘書處組長以上人員，以及中央參與大會聯絡小組諸同志午餐，表示酬勞之意。

4月2日　星期五

午後三時主持紀律委員會第二十次會議，通過例案很多。

4月3日　星期六

上午偕劉東岩兄訪青年黨由海外歸來出席國民大會鄭振文、張子柱、左舜生諸君。

4月4日　星期日

上午九時參加大陸救災總會舉行第四屆年會，會場在南海路五十四號。合肥同鄉金幼洲（維繫）擬謀監察院副院長，今日與金及彥龍商定上總裁函。

4月5日　星期一

一、上午九時至中山堂參加聯合紀念週。

二、胡適之兄本日午飛返美國，余特上午十時至其寓所送行。

三、午後晤李崇年，暢談國際形勢與當前政治、經濟一般情況，計三小時之久。崇年確係聰明才智之

士，招人猜疑妒忌，十分可惜。

4月6日　星期二

一、張元夫兄迭次過訪，今晨特板橋回拜。

二、友人許甯筠的夫人鄧不奴女士來見。鄧是國民大
　　會代表，新由香港來台出席大會，擬留住台灣充
　　任律師。鄧係老同志立法委員鄧青揚的女公子，
　　係許汝為的堂弟媳。

三、劉銘傳先生曾孫女由王介艇兄陪同來見，擬為銘傳
　　先生育幼院募捐。余怛白告伊，此事不易辦理者。

4月7日　星期三

一、同鄉天長縣國民大會代表費鐸聲兄因病逝世，本
　　日上午九時大殮，余被推擔任大殮主祭。費之子
　　（俠）現在紀律委員會服務。

二、上午九時半參加中央常務會議。

三、為推薦金幼洲（維繫）監察院副院長上蔣總裁函，
　　特于本日託中央黨部張秘書長其昀代為轉陳，因
　　將來黨的提名必須經過張氏者。據張云現在競爭
　　副院長已有十人之多，就一般情形觀察，金氏希
　　望其中成分較多者。茲將上總裁原函錄後。

　　總裁鈞鑒：

　　　　監察院監察委員金維繫同志，自參加同盟
　　會、中華革命黨，致力革命以來，素多建樹。在
　　監察委員任內，尤有貢獻。現監察副院長出缺，

擬請賜以金同志提名遞補，當可收黨政配合之效
也。尚祈鈞裁。

吳忠信敬上　四月七日

4月8日　星期四

青年黨左舜生、周謙沖、俞康諸君先後過訪。左日
內回香港，周日內回美國。

4月9日至10日　星期五至六

【無記載】

4月11日　星期日

回拜于復先、朱世龍。于山東人，青年黨聯合四招
集人之一。朱安徽人，大華新村青年黨秘書長（青年黨
自分裂後，有大華新村、新生南路兩個黨部）。故友曹
纕蘅兄大女婿本日（十一）來見，名張孝頤，係湖南長
沙人，現在鹽務機關任科長職務。據云已有三個小孩，
最大六歲，最小一歲，聞之快慰。纕蘅性情篤實，國學
淵深，與余交誼非泛泛可比者，不幸逝世，是余失去最
得力幫助。今見其婿，念及老友，感嘆良多（制鹽總廠
業務處科長，廠址台南）。

4月12日　星期一

上午九時中央舉行紀念週，推余主席。適今日是清
黨紀念日，由中央常務委員張道藩報告，題為「清黨紀
念廿七週年」，歷述本黨民國十六年四月十二日決議清

黨之經過，對于清黨影響亦加闡述。歷一小時畢。

4 月 13 日　星期二

苗培成兄來訪，係為監察委員李嗣聰兄謀副院長事，託我幫忙。余答曰，聞競副院長有十餘人之多，此事關鍵在蔣總裁與于院長兩方面。劉抱誠兄過訪，談台灣漁業關係重要，在民營方面確有進步，在公營方面進步極少。

4 月 14 日　星期三

一、上午十時，裕台公司召開第四屆第一次股東常務會議。余因參加中央常務會議，故於九時半先往裕台公司簽到。關于余應作常住監察人的報告，則託虞克裕代為辦理。

二、本日中央常務會議，聽取外交部長報告國際形勢，及即將召開以美、英、法、蘇四國為主幹之日內瓦會議。中共亦將參加此會，似覺與我們欠利。

三、午後六時至台北賓館，出席中央銀行第八屆理監事會第二次聯席會議，並招待晚餐。

四、郭寄嶠鬧家事，其起因係寄嶠家住的女友沈某，與郭太太口角而至用武。迨寄嶠歸家，幫助女友，郭太太忍無可忍，即至余家請余主持公道。余請惟仁老太太親送郭太太回家。他們家庭複雜，由來已久，都是寄嶠個性太強所釀成。寄嶠最不應該是打太太、打女用人，更不應該女友在家鬧事，並且使八十多歲老母居住不安。余與之

關係較深，深為寄嶠可惜。

4月15日　星期四

下午三時中央紀律委員會，約集省黨部以及各直屬區黨部紀律委員會負責同志舉行談話會，互相交換意見，至六時散會。余作結論，一個黨員受處分，固屬黨員自己責任，亦是我們各級領導之責任也。民社黨最近開始分裂，而青年黨分裂已將三載，最近正在謀團結。本黨兩個友黨如此，政黨前途，未可樂觀。

4月16日　星期五

郭寄嶠家務糾紛尚未解決，郭太太既請余調解，故特約寄嶠于午後二時到信義路寓所談話。據寄嶠說，他的太太係受人家離間的，說他太太許許多多不對，與他太太前天向我所說大大不同。我忠告寄嶠曰，你是有地位的人，倘家糾紛擴大，對內對外都是與你不利的，你是家長，你要自行從速設法了結云云。總之寄嶠既另有新愛人住在家中，與其太太沒有方可以和好的。寄嶠近年誤于桃色，尤其違反中國故有朋友倫理，頗招物議。這是寄嶠不可挽回的損失，影響他政治前途。

4月17日　星期六

關于寄嶠家務，我昨日已向寄嶠進過忠言，但我年事已高，精神不夠應付，特託周昆田會同劉秉寬向雙方調解。周本晚偕寄嶠來信義寓所見面。寄嶠對其夫人態度十分強硬，盡敢當我面說，要開槍打死他的太太。其

蠻橫有至如此者，余實忍無可忍，不得已向寄嶠表示嚴
重緊告。余為公為私均非如此不可也，亦是愛護寄嶠有
過之無不及之道也。

4月18日　星期日

參謀總長周志柔兄上午過談，係拜訪性質。周任期
已滿，將調其他重要職務。晚六時張秘書長其昀約新由
美國歸來何浩若兄晚餐，約我等作陪。何現在美國國務
院新聞局服務。餐後由何報告美國情報制度與組織及國
際形勢，他說美、蘇均不願發動大戰，在日內瓦會議期
間及八月以前，局勢沒有變化的。小戰是所難免的，而
越南戰事可能更加嚴重的。

4月19日　星期一

上午九時參加中央紀念週，聽取最近旅行世界歸來
邵毓麟先生報告世界局勢。他分析南美洲已受共黨滲
透，等于在美國腳下放一把火。歐洲只有西班牙與西德
有力量，其他法國、義大利都受共產黨滲透牽制。中東
只有土爾其有力量，其他國家內部都不安靜，美國正在
此方佈置。他的結論，世界變化時期，則引用胡適之先
生兩句成語，「遠在天邊，近在眼前」。

4月20日　星期二

郭家糾紛，彥龍奔走兩日未得結果。寄嶠根本目的
在離婚，而郭太太目的在保夫人的地位。昨日郭太太提
出辦法，余閱後擬請郭太太從新考慮，酌加修正，俾寄

嶠易于接受。而今日彥龍與郭太太見面，不但不修改，反提出更重的辦法，使彥龍不便向寄嶠轉達，只得向雙方表示無法繼續調停，並由彥龍忠告寄嶠。此事演變可能至政治問題，而社會問題，而法律問題。彥龍既退出調人，我亦無法斡旋，只得暗示陸福廷兄出面調停。郭太太方面，劉秉寬致彥龍電話，不管寄嶠如何，所提辦法，調人應該轉告。嗣由彥龍電寄嶠，他表示不願聽此項辦法，再由我約寄嶠告對方所提辦法，因時間不巧，亦未能見面。至此只得告一調停段落。二十日晚六時，同鄉王介艇約晚飯，在座都是同鄉，並遇見陸軍總部副官處龔至黃君。距我老家吳店北約三里是他的老鄉，敘班次是吳家外甥。

4月21日　星期三

上午九時參加中央常務會議，總裁主席，至十二時散會。張秘書長告余，關于推舉金維繫為監察院長上總裁函，已代面陳。據總裁云，俟就總統職後再行考慮此事云云。

4月22日　星期四

一、于右任先生今日七十晉六生日，余與張副主任壽賢于上午九時前往慶祝。

二、張壽賢、劉抱誠兩兄在余宅見面，暢談海洋漁業問題。

三、李先良兄由台中來，午飯後返回台中。

四、午後三時出席國民大會聯絡小組最後結束會議，

檢討此次國民大會之得失，並將出力諸同志予以分別嘉獎，其不遵中央命令之少數同志如史尚寬、翟宗濤予以議處。蓋一千數百人在一堂開會，不遵命令頗不乏人，而史等違犯黨紀之程度尚在不可知之數，故會場中有兩派正反意見。尤以國民大會圓滿閉會，又何必多此一舉，何況可以另生支節乎。討論結果，交紀律委員會議處。余兩次說明紀律委員依照程序，先要翟等申辯，或可能引起其他不奉命令者之糾紛。

4 月 23 日　星期五

中央常務委員谷正剛兄偕丁耀中兄，于上午十一時過談。谷氏性情豪爽、克苦耐勞、有膽識、能負責，乃本黨不可多得之人才，將來必有負政治上大責任之機。而谷氏身體康健，生活簡單，亦有同輩之少有。計談一小時。晚六時蕭青萍（錚）約余在北投晚餐，在座有居老太太及顧墨三、桂永清諸夫婦。餐後看青萍最近週遊歐美所攝影片。

4 月 24 日　星期六

丁耀中兄與余雯女士本日舉行公證結婚。丁、余二家親友于本日午後六時假中山堂公宴慶賀，我被約參加，並致賀語。

4 月 25 日　星期日

分別會見徐佛觀、顧志誠、秦德純等。與徐談國際

形勢，認為日內瓦會議之得失影響我國最大，如失敗與我有利，否則有害。顧志誠擬出國考察，託我幫忙，告以須按申請手續。與秦泛論西北過去情形。

4 月 26 日　星期一

上午十時半參加陽明山革命實踐研究院紀念週。蔣總裁親臨主持並演講，題為本日日內瓦會議開幕分析。大意是美國希望韓國恢復統一與獨立，越南、寮國、高棉三國人民享受自由。法國希望赤匪退出越南三邦，恢復滇越鐵路。英國希望在十六度劃分南北越，亦如南北韓。蘇俄希望中共成為五強之一，然後進入聯合國。蘇俄為達上項目的，可能在其他方面讓步。民主戰線日內瓦會議之成敗與中國沒有多大關係，最近美國國務卿、總統、副總統三個對赤匪強硬演講，為美國歷史所少有。至東南亞小國聯盟中國不參加，則中國不受限制，可以自由行動，最後要自力更生云云。就我觀察，日內瓦會議是暗淡的，美國以說服英、法兩國不承認中共解決韓、越問題。蘇俄要孤立美國與西方國家分裂，這是共產國家參加日內瓦會議的主要目的。

4 月 27 日　星期二

午後三時與劉抱誠談辦理漁業事。分析民營、國營、黨營等利害，當以民營為上策，可惜我們沒有資本。

4 月 28 日　星期三

中央黨部為台北市第二屆市長暨省議員本黨候選人

助選事宜，于下午四時假中山堂光復廳舉行茶會，招待
國大代表、立法委員、監察委員、票選本黨提名台北市
長王民寧及台北市省參議員劉戈青、陳逢源、周百鍊
諸同志，余準時前往參加。諸同志紛紛發言，一致支持
王、戈、陳、周四位同志競選，如此大規模助選，從來
少有。

4 月 29 日　星期四

　　因庸叔吃紙菸，我大不以為然，因以手擊破菸盤，
致碎片傷手，出血很多。我告庸叔吃飯都困難，那有錢
你吃香菸。我是不吃菸的，你如將來自己行錢吃菸，我
不反對的。但我吃飯錢來吃香菸，我是絕對反對的。

4 月 30 日　星期五

　　下午三時主持紀律委員會第二十一次會議。討論
例案後，我報告國民大會聯絡小組主張大會中不遵指
示同志，予以議處。各委員發言，主張紀律委員會不
理此案。

5月1日　星期六

因張副主任壽賢六月中旬將赴越視察黨務，為期六個月。我要他速回，最多三個月。

5月2日　星期日

省選縣市長，余于本日上午九時偕惟仁夫人投票，即照中央指示，投市長王民甯，議員劉戈青。皖國大代表蘇恕民午後舉行婚禮，余往慶賀。監委張維翰兄來訪，擬競選副院長，託關照。余告張競選副院長現在十數人之多，託我說話亦大有人在，自當予兄注意。

5月3日　星期一

上午十時半參加陽明山革命實踐研究院紀念週後，蔣總裁約談話。蔣先問我，你與郭寄嶠見面沒有。答曰十天前見面，係為調解他的家務。蔣曰郭寄嶠家事太壞（指私生活），要撤他職，要辦他，去年他的汽車撞死小孩，我（蔣）就要辦他，後來賠款了事。言下憤怒異常。余曰在四年前，曾向總裁說他對總裁是忠實的，是很能作戰的。蔣曰你緊告他，要他辭職。余曰可否在行政院不久改組一併辭職。蔣不答，又曰你去緊告他。余曰辭職等改組一併辦理。蔣憤怒仍未息，仍未作答。總之先說撤職查辦，後來轉變到緊告辭職，已屬不易，無法再說。午後將總裁態度告寄嶠，隨即預準上辭呈。余並多方安慰寄嶠，經此次失敗，也是將來進步。寄嶠因家務桃色而去職，殊不值得，早要聽我說話，安頓其夫人，何至有此結果。截至現在，寄嶠還未明白，仍迷糊

于某某女士，實在可惜。本晚（三日）九時參加中央臨時常會，聽取縣市長、省議員選舉情形。據云各縣市大都勝利，惟台北市長提名王民寧競選失敗，以國民黨大本營所在地台北市如此慘敗，雖其他各縣市之勝利，不足以挽回主戰場之失敗也。充分表現國民黨之無能，充分表現國民黨內容空虛，猶如寶塔建築沙地上，本黨應反省，應覺悟。至深夜十一時半散會，疲困非常。又因晚餐不慎，胃痛、腰痛、腹痛，苦不堪言，不能安眠。深得李志獻熱心照料。

5 月 4 日　星期二

因昨夜患病，今日未進飲食，整日休息。

5 月 5 日　星期三

上午九時半參加中央常務會議，總裁主席。討論新總統就職後，五院院長去留問題。余向常會口頭報告四十二年度紀律委員會工作：一、黨紀審議結論，要貫澈黨員自動遵守紀律，祇有靠組織的教育與訓練；二、財務稽核結論，黨費支出逐年龐大，臨時追加達總預算二分之一，有無撙節之處，急待切實研究。常會休息中間，余向總裁報告郭寄嶠事，略謂郭寄嶠已於前日知道要他辭職，立即上辭呈，已交陳院長，表示服從。總裁曰陳院長已說過了。蔣問你怎樣向他說的。答曰總裁要我緊告你（寄嶠），要你辭職。余曰寄嶠一番風順，得到這模高的地位，經過這一次教訓，將來可使他進步。寄嶠沒有錢，有八十多歲老母，若無事，生活都

成問題，請總裁多多教訓他，多多培植他。總裁曰他的
家事這樣是不行的。答曰要他了結。常會散會後，與陳
院長談寄嶠事。陳曰已告總裁郭寄嶠已上辭呈，總裁囑
即發表。余曰總要為寄嶠留點後來生路，請你向總裁說
與行政院全辭呈一齊發表。陳似有難色。余再曰可能範
圍設法幫忙。陳院長並說朋友妻不可欺，寄嶠失敗內在
主因即在此。午後陸心亘、端木鑄秋來見，余切託他二
人幫助寄嶠料理善後，免生支節。郭太太來見，余曰寄
嶠已失敗，他仍要求寄嶠與沈女士離開。余曰你們事已
請心亘、鑄秋代為調處，你有話向他們說。

5月6日　星期四
【無記載】

5月7日　星期五
　　青年黨黨魁曾慕韓（琦）先生逝世三週年，該黨本
日舉行紀念會，余于上午九時偕張壽賢兄前往致祭。慕
韓係青年黨唯一發啟人，與余雖黨籍不同，但交誼甚篤
也。本日下午四時訪陳院長，談郭寄嶠辭國防部長事。
余力主于新總統、副總統五月廿日就職前，與行政院各
部會長總辭併案辦理。所持理由有：
一、國家裁培寄嶠這個人才不易，應該酌留餘地。
二、如立時批准辭職，正如辭修兄上次所云，郭家庭
　　糾紛更難解決。
三、辭修兄內閣已有四年之久，此時單獨批準寄嶠辭
　　職，表現內閣不能始終完整之弱點。

四、在此時去一個重要閣員國防部長，國際間必多猜
　　測，尤以部長家務去職，必使外人成為笑話。
五、寄嶠係辭修兄一手提攜，仍望予以最後幫助。
陳辭修院長答曰簽呈已經寫好，因總統去山中休息，故
簽呈尚未面呈。如向總統說話，只能一、二兩項，如說
第三項、國際猜測，總統不會接受的。但寄嶠家事總要
了結。郭家務談畢後，陳又談及副總統能兼行政院長與
否，憲法沒有規定。如辭行政院長後，繼任行政院長人
選問題極關重要。余因不知蔣先生企圖，未便多作主
張。計一小時半之久，這是我與辭修兄近年來談話最長
一次。

5 月 8 日　星期六
　　【無記載】

5 月 9 日　星期日
　　昨晚、今晨都是與彥龍研究馴叔來函，說少宮婿六
月底止學校可能解聘，暑假後生活將成問題。故決定復
函，一面維持他們生活，一面要他們回台灣居住。

5 月 10 日　星期一
一、與李崇年談經濟及國際形勢。
二、陳光甫兄本日午飛抵台北，余事先不知，故未到
　　機場迎接。午後三時往訪，風采如故，此次係應
　　蔣總統約而來者。他說馴叔去年過年時有信與
　　他，尚未回信。他主張馴叔回台灣。答曰正是意

思。陳曰他去函催促。

三、郭寄嶠、陸心亘午後四時半來晤，仍是談郭的家
　　務。計談二時半之久，似可告一段落。清官家務
　　事，真實不虛。

5月11日　星期二

　　午後端木鑄秋、陸心亘來見，說郭太太對昨日陸
等所提解決辦法未能接受，余仍請鑄秋、心亘繼續努
力調解。午後四時光甫過訪，並與惟仁夫人見面，不
但主張馴叔回台灣，而且主張申叔亦回台灣。光甫深
知我們家事，他致馴叔函已于今日發出。馴叔或可回
來，亦未可定。

5月12日　星期三

　　上午九時半參加中央常務會議，總裁主席，決定：

一、監察院副院長缺，由該院委員本黨同志假投票推
　　舉候選人（這是進步民主）。

二、凡依憲法規定任命須由總統提名，經立法院或監
　　察院同意者，如行政院長、立法院、考試院正、
　　副院長均應辭職，由新總統從新提名。

女婿林少宮由美來函，堅決要求離美，使余非常煩神。
特于本晚去電，囑彼等留美或來台灣，由余負一切負
任。我年老矣，夜不能眠，心神不安。

5月13日　星期四

　　本日致少宮、馴叔一封親筆長函，囑其來台灣或留

居美國。聽不聽在他們的良心，這亦是我幫助他們盡為
父之道也。老同志丁鼎丞先生昨晚病逝台大醫院，余今
晨往該院病房，向丁氏遺容敬禮。午後二時參加丁氏治
喪委員會。丁氏山東人，享壽八十一歲。陳院長告我，
郭部長辭職事已向總統報告，似可能與行政院同人辭職
同時發表，但總統態度很不滿意。午後寄嶠來談，我告
他你家事尚未了，萬不能另生枝節。

5 月 14 日　星期五

　　總統府桂參軍永清令尊鵠仁先生逝世（享壽七十八
歲），本日上午九時在極樂殯儀設奠，余往致祭。

5 月 15 日　星期六

　　丁鼎丞（惟汾）先生本日上午九時大殮後，余先參
加治喪委員會公祭，再參加蔣總裁主祭之中央委員會、
中央評議委員會公祭。訪陳靄士、胡毅生兩先生，都是
年老多病。

5 月 16 日　星期日

　　【無記載】

5 月 17 日　星期一

　　上午十時卅分，參加陽明山革命實踐研究院紀念週
暨黨政軍幹部聯合作戰班第二期結業典禮，蔣總裁親臨
主席，並訓話。關于軍事，有「我們取守，最利於共匪
人海戰術，我們取攻，方能破共匪人海戰術」。並說上

項戰術正在研究，尚未成熟。至十二時散會。

5月18日　星期二

杭立武兄過談。他有志從事教育，以他近年從事國際文化事業，以及奔走英國外交，以之任新政府教育部長甚為相宜，余當為之注意。午後劉抱誠來晤，仍是談漁業問題。

5月19日　星期三

上午九時半參加中央常務會議。

5月20日　星期四

蔣總統、陳副總統本日就職

一、禮堂在中山堂，上午十時總統、副總統舉行宣誓，由大法官主席王寵惠監誓。中外觀禮者三千餘人，禮堂太小，非常擁擠。余與陳光甫兄九時即行前往。

二、蔣總統宣誓後，即發表就職宣言。全文長達一千五百餘字，要點為：

（一）政府努力方向，第一實現民主，爭取自由，第二光復大陸，重建中華。

（二）亞洲有關國家，必須有堅強組織和行動。

（三）如要消滅共匪對世界和平之威脅，必須先要中華民國光復大陸。

（四）中國具有反攻必勝信心，期望得到自由世界的道義與物質的援助。

（五）恪守誓詞，竭誠接納各方善念的批評。

典禮結束，全場歡呼。

三、上午十一時卅分到總統府大禮堂，參加總統、副總統接受本國文武人員觀賀後，又在總統府大門台階前攝影，以資紀念。

四、中午十二時參加中央臨時常務會議，蔣總裁主席。決議要案：

（一）准陳誠辭行政院長，並准行政院各部會長官一律辭職。

（二）提台灣省政府主席俞鴻鈞繼任行政院長，即提立法院同意，並先開立法院本黨黨員大會。

五、午後五時偕陳光甫兄到總統府，參加蔣總統酒會，到中外來賓四百餘人。光甫兄到台未久，今日在酒會與蔣總統握手言歡，並云下次約談。光兄很滿意。

5 月 21 日　星期五

上午十時參加總統、副總統在圓山忠烈祠舉行遙祭國父陵典禮儀式。

5 月 22 日　星期六

今日上午、下午與劉抱誠、張壽賢、周昆田諸君分別研究漁業問題，並擬上蔣總統改良漁業芻議文稿，係抱誠主稿，壽賢、昆田修改者。訪韓楚珍兄，係由劉抱誠陪往者。寄嶠來談，我告伊一切事不要著急，處理家庭更不要著急。偕麗安至中山堂，參加金融界國家行局

慶祝總統副總統就職同樂晚會，係演平劇。

5月23日　星期日

一、寄嶠來見，告以一切事不要著急，處理家事更不
　　要著急，你能與行政院各部會長官同時辭職，不
　　幸之大幸。

二、與光甫先生談話，他擬將上海銀行總管理處遷台
　　灣。該行雖在大陸分支行全部淪陷，但在海外實
　　力仍是雄厚。

三、訪日本人老友山田純三郎先生。他與本黨關係非
　　常的深，陳英士先生即在上海山田家遇難，余撞
　　去一齒。又民國四年十二月五日肇和起義時，
　　機關失敗，山田與我登屋而逃，真可謂患難之交
　　了。山田今年七十九歲。

5月24日　星期一

　　上午九時出席紀念週，陳雪屏同志報告，題為「心
理學觀點看共匪毀滅人性」。中午十二時卅分，蔣總統
在陽明山官邸招待中國革命之友山田純三郎先生及其秘
書佐藤一郎、工藤定雄。總統與山田關懷舊情，並約
我與于右任、張岳軍、王寵惠、張其昀、谷鳳翔、何應
欽、谷正綱、鄭彥棻、董顯光、謝東閔、蔣經國、戴安
國等作陪。

5月25日　星期二

　　馴叔、少宮來函，對于我的主張他們來台或留美，

他們不能接受，使我大大失望。馴叔太天真，一切聽命于林少宮，馴叔還想在美繼續讀書，少宮不以為然，馴叔處此環境，實在可憐。本日由昆田再去函，要他們作後的考慮。

5 月 26 日　星期三

俞鴻鈞任行政院長，立法院昨日投同意票。出席委員四七〇人，計同意票三六〇張，以大多數票同意俞鴻鈞同志為行政院長。本日上午九時半參加第一一〇次常務會議，蔣總裁親臨主席。提出新行政院各部首長，常會一致通過，計副院長黃少谷、政務委員余井塘、黃季陸、孟昭瓚、蔡培火、田烱錦，政務委兼部會者內政部長王德溥、外交部長葉公超（蟬聯）、國防部長俞大維、財政部長徐柏園、教育部長張其昀、經濟部長尹仲容、交通部長袁守謙、司法行政部長谷鳳翔、僑務委員會委員長鄭彥芬（蟬連）、蒙藏委員會委員會劉連克、政務委員兼秘書長陳慶瑜、主計長龐松舟（蟬連）、新聞局長吳南如（蟬連）。不兼部會政務委現尚有兩名空額保留，待民、青兩黨提出人選。俞任院長，所遺省主席，擬以嚴家淦繼任。于右任先招待山田純三郎先生午餐，約我作陪。同鄉王進之（國大代表）本日（廿六）與姚宛文女士接婚，余于午後前往慶賀。

5 月 27 日　星期四

陳光甫兄本日去函勸馴叔等勿離美國，麗安亦去函勸阻，余並致函在美國羅旡念（故友羅佶子公子）

設法疏解。余心力用盡，看他們能否回頭。郭寄嶠午後過談，認為此次行政院改組以俞大維繼任他的國防部長，而此次反對他的人儘未得其目的。我告寄嶠，你的太太應該有所安頓，大凡社會上一般年老無子婦人都應特別看待，何況自己夫人年老無子乎。蓋年輕女子可以另求出路，年老婦人有兒子有所依歸。當即與寄嶠商定，他的夫人暫借住陸心亙家。是則寄嶠家務，可以暫告一段落。

5月28日　星期五

下午三時主持紀律委員會第廿二次會議，通過例案多件。惟常會交辦國民大會代表皖代表史尚寬、翟宗濤在大會開會期間不聽命令一案，各委員不以為然，未得決議。下午五時出席小組會議，陳濟棠同志主席。討論本黨幹部政策，未得結論。陳約晚餐。

5月29日　星期六

總統府秘書長改派張岳軍（羣）繼任，應辦理交接手續，總統指派我監交。定于本日上午九時半交接，我準時前往監交，並簡單致詞。

5月30日　星期日

上午同鄉張載宇、鄭為元、王介艇、龔光璜來見，他們都是合肥人最有希望少壯軍人。周洪濤妹妹周濤桂與李保謙於本日下午五時結婚典禮，請余證婚，地點在台北空軍新生社。李係美國哈佛大學研究學術，現在淡

江英語專科學校教書。周係復旦大學畢業，現在中央銀行服務。

5 月 31 日　星期一

今日中午約陳光甫兄及其江、陸兩秘書在信義路寓所便飯，由麗安自己做菜，光甫非常滿意。以昆田名義電馴叔、少宮作最後忠告，勿離美國。張壽賢兄三女兒可若與程祖培君，本日午後六時在中山堂結婚，請余證婚。總統府機要室主任陳宗熙午後七時半過訪，擬謀省府秘書長。告以此事須先得總統同意。

6月1日　星期二

　　陳誠行政院長與俞鴻鈞新行政院長，定於六月一日
（本日）上午八時卅分辦理新舊任交接事宜，奉總統命
「派吳資政忠信監交」等因，我準時前往監交。交接儀
式開始，陳前院長將政院印信面交俞院長後，即由我致
詞。大意是「陳院長在任四年建樹政績很多，其有未完
成工作，俞院長必能迅速完成。俞院長政治、財政、經
濟經驗豐富，必定更多新的建樹。」嗣陳前行政院長與
俞院長亦先後致詞，至八時四十三分交接儀式完成。上
午十時新任行政院長及各部會首長等宣誓就職典禮，與
總統府六月份國父紀念月會合併舉行，我等前往參加。
總統親臨監誓，並向新閣員致詞後，俞院長發表政策性
的演說約四千字。參加總統招待總統府資政、國策顧問
等午餐。本日與光甫兄談他銀行尚有實力，及此來精神
是「落葉歸根，保全晚節」。計談一時半之久。

6月2日　星期三

　　上午九時半，參加中央常務會議，總裁親臨主持，
決定行政院各部會次長人選及台灣省政廳委人選。立法
委員榮照與吳新煥女士，本日舉行公證結婚，我於午後
五時至中山堂禮堂簽名慶賀。

6月3日　星期四

　　五月三十一日，由周昆田致少宮、馴叔一電文曰：
「請參閱我的廿六日及陳、沈各函，經詳加研究後，尤
其是你們二老認為你們必須留美，以保安全。」六月二

日夜十一時半，林少宮來電文曰：「很感激你們各位，請確實相信我們願意留美。」六月三日，我與惟仁老太太復少宮電文曰：「你們電報已收到，我們極端快樂你們決定留美，餘函詳。」經一月之煩神，少宮、馴叔仍聽話，最後決留美，我非常快慰，非常興奮。致關乎少宮工作問題，當盡力代為設法，並請光甫代為幫助。此次他們留美都是各方面協助，尤其是光甫函影響力最大。

6 月 4 日　星期五

本日由昆田致少宮函，先問他工作目的何在，並要他寄履歷來。中午十二時半招待老友日人山田純三郎先生午餐，約右任、敬之、蘭友、君武、壽賢、惠夫、東閔等作陪。李保謙、周濤桂新夫婦招待晚餐，有張屬生夫婦等在座，係謝我證婚的。

6 月 5 日　星期六

今日係端午節，比去年較為熱鬧，同時物價穩定，尚有至親好友來往拜節。法越在巴黎簽訂條約，越南獲得完全獨立，在法聯邦內地位平等。如此則美、法、越意見可能一致，應付越共戰事，必可順利進行也，更使東南亞形勢隨之轉變。

6 月 6 日　星期日

福建安溪縣吳吟世（海天）現任新生報秘書，吟世母氏柯太夫人（古稀之年）及吟世之弟科世、正祥身陷

鐵幕，反抗共匪，壯烈成仁。我等發啟于六月六日假本
市善導寺公弔，藉表哀思。余于上午九時前往致祭。

6月7日　星期一

　　六月份聯合總理紀念週本日上午九時在中山堂舉
行，到各機關同志一千數百人，余擔任主席。行禮後，
行政院長俞鴻鈞報告其主持台灣省政一年餘工作之概略
（適俞氏本日上午十時半交代省府主席）。下午七時交
通銀行董事長趙志垚招待陳光甫兄晚餐，約余作陪。

6月8日　星期二

　　【無記載】

6月9日　星期三

一、上午九時卅分參加中央常務會議，蔣總裁主席，
　　決定八月二日召開第七屆四中全會。
二、與總裁見面，先談陳光甫兄事。大意是光甫所辦
　　上海銀行及中國旅行社在大陸上約有四十個單
　　位，均已淪陷，惟尚有實力。如在香港上海銀行
　　業已在香港政府註冊，脫離大陸獨立，另外在美
　　國被凍結外匯約有五、六百萬美金。現擬將上海
　　銀行總管處移來台灣，以便指揮香港行及設法解
　　凍美國存款，其凍結之款有三百萬屬于中國銀
　　行，其他屬于股東者。總裁答曰此事交徐伯園（財
　　政部長）、嚴家幹（台灣省政府主席）研究。我
　　又曰光甫是正當銀行家，不是洋買辦，他來台灣

對于大陸金融界影響很大的，尤其是影響國際重視，光甫並說此次來台灣的精神係「落葉歸根，保全晚節」。總裁答曰與光甫面談。繼又談及余個人事，大意是我四十歲以後不帶兵已經做到了，現擬七十歲以後不管政，但是消積的，何以故？恐反攻大陸，總裁仍需要我向各方說話奔走的。以我當前身體尚有十年生命的，在此餘年擬從事經濟事業，蓋本黨三民主義在民族主義相當做得好，在民權主義正在進行中，在民生主義距離太遠了。我做經濟事擬將本黨一部份忠實同志帶去工作，我做經濟事亦等于畫一張藍圖，為下一代開道路。我雖非經濟專家，但對經濟確有研究，經濟範圍很廣，舉凡農礦工商固屬重要，而當前發展海洋已成為新興之趨勢，我現擬改進台灣漁業芻議，請你看看。總裁曰好、好。我又曰台灣漁業已由陳良主辦，我不是與他爭權的。此次談話時間雖短，內容充實，彼此皆歡。

三、故友吳鐵城兄墓地，經擇定台北縣成子寮觀音山（西雲寺前），于本日（九日）下午三時由極樂殯儀館啟靈，余參加治喪委員會祭告啟靈。

6 月 10 日　星期四

杭立武兄為女婿林少宮在美工作，甚為關心，特致函華美協會為之介紹，今日由昆田將該函轉寄少宮。查華美協會與美國教育界有密切連系，替中國學生在美謀事，宣揚中國文化，發行雜誌等。庸叔擬以高中畢業資

格與美國獎學金赴美留學，特請洪蘭友兄致于斌教主一
函，大意是：

野聲總主教學長兄：

　　吳禮老次公子庸叔前年畢業中學後，亟思赴美深
造，礙于法令，不克進行，因考入台大農業水利系，肄
業已又兩年，而禮老終以未能出國留學之志願縈繫于
懷。邇以高中畢生留學一事，全仗左右之大力主張，已
獲教部原則性之決定，正待訂定辦法付諸實施，祇以禮
老之境況，又不勝費用之負擔。爰思吾兄提挈後進，夙
具高誼，擬仰乞鼎力，為在美國學校謀一獎學金額，以
成其志。以向鮮音候，又未便輕干，囑為致函奉記，敢
以上瀆清神，惠予設法玉成，無任同感之至。

弟洪蘭友　敬上

我原來主張庸叔大學畢業後再出洋，他們既要如此，我
又無法阻止，只得順應自然，了我三世因緣之罪惡。

6月11日　星期五

　　中午十二時卅分參加蔣總裁舉行「中央評議委員會
談」，並午餐。午後五時至朱家驊同志家出席小組會
議，並晚餐。

6月12日　星期六

　　光甫兄此來與各方接洽非常順利，余連日為之奔
走，亦非常快慰。

6 月 13 日　星期日

關于庸叔獎學金事，雖由洪蘭友兄致函于主教，但在台灣主其事者係毛神父振翔。因前在蒙藏委員會老同事霍濟光與毛係同事，本日特託霍向毛說項，並致函毛神父由霍轉交。其結果如何，要看庸叔命運。

6 月 14 日　星期一

上午九時至實踐堂參加總理紀念週。下午三時主持紀律委員會第二十三次會議，決定重要集案數件。

6 月 15 日　星期二

張副主任壽賢上午九時飛香港，轉飛西貢視察黨務，余到機場送行。關于庸叔獎學金事，據霍濟光兄云，仍須洪蘭友兄致毛神父振翔一函，但不必說已致函于斌主教，蓋毛、于之間尚有若干距離。而蘭友以為如致毛函不說于函，恐有未妥。余及霍、洪彼此電商，仍以毛函中不提已致于函。辦事之難於斯可見。濟光又云，如于院長右任再加一函與毛神父，更為妥當。余又往商于院長，深感于老立即照辦。于函錄後。

振翔神父道鑒：

吳禮卿先生之子吳庸叔，廿一歲，高中畢業，現在台灣大學讀二年級，近欲出國深造，擬請在美代請一獎學金機會。敬祈惠予設法，至感為荷。此頌

時祺

于右任上言　六月十五日

6月16日　星期三

　　日內瓦會議已破裂，曾出兵參加韓戰十六國發表聯合聲明：「韓國談判宣告破裂，應提交聯合國討論」。自由國家應採斷然行動，切不可一誤再誤，中國早知道與共產黨談和平，實屬徒勞無益。

6月17日　星期四

本日致申叔兒親筆信

申兒覽：

　　閱致曾叔叔函，知兒身體欠佳，深以為念。兒去年出洋第一目的在健身，其次才是讀書作畫，應該本此目的前進。金剛經云：「凡所有相，皆是虛妄，若見諸相非相，即見如來。」又云：「一切有為法，如夢幻泡影，如露亦如電，應作如是觀。」就是說一切法相都是空假，至富、貴、功、名、窮、通、得、失更不足道了。人生今之世，惟有本著自己真理，順應自然，隨遇而安，求身心相安。萬不能自我懊喪，凡事須退一步想，或退十步、百步想。如兒過去生多次危險病，均能轉危為安，且能出洋，大開眼界。現在必須事事達觀，則一切不愉快問題才能迎刃而解。兒如覺在外不便，望隨時返國可也。少宮一日來電，他們暫時仍住美國。陳光甫老伯擬久住台北。老太太很健康，希勿念。

　　　　　　　　　　　　父手啟　六月十七日

6月18日　星期五

　　午後七時財政部錢幣司長金克和招待陳光甫兄晚

餐，約我作陪，係為光甫來台辦理上海銀行總管理處移台事。

6月19日　星期六

少宮、馴叔此次要離開美國，經多次函電勸留，又經親友協助，最後接受我等意見，暫留美國。茲將我五月十二日致少宮、馴叔一封親筆函補錄于後。

少宮、馴叔覽：

五月二日馴叔致周先生函閱悉，比囑周先生代為函復，計已收到。陳光甫先生五月十日抵台北晤面時，即謂「馴叔曾有信給我，我覺她的夫婦及小孩都應該回到台灣」，我自有此同感，光甫老伯隨即函告你們。

頃由周先生轉到你們五月六日來函，備悉一一。環顧世界，美國最為安樂，故余歷來主張你們留美國（原擬俟國際形勢較為澄清，再決定你們行止的），至于生活方面我負責任。周先生已于五月九日函詳，茲不復贅。萬一你必須離美，則望你們即回台灣。台灣氣候溫和，生活安定，家有住房兩幢，你們到台後居住、生活及職業等等問題，我當負完全責任。

余已年老，諸弟幼稚，馴叔在姐弟中最為年長，亦是我與老太太最心愛者。少宮雖屬女婿，亦等于自己的兒子，余及老太太對你們希望及倚靠非常殷切。務望你們即體我的意思是為至要，我的意思相當準確，尚希注及。一切事均係時間代為解決，並望不必著急。

礼卿親手　五月十二日夜

6月20日　星期日

　　前司法部長林彬（佛生）過訪，他現仍在台灣大學教書。此人生活克苦，法學很有根底。郭寄嶠來云，自交代國防部後，每日在家讀英文，研究軍事哲學與歷史，並作相當運動。余曰你在國防部長任內總算成功，將來軍事上還是需要你的，現在說話要當心，勿發牢騷。

6月21日　星期一

　　上午九時參加中央紀念週，新任內政部長王德溥報告都市土地政策。

6月22日　星期二

　　關于庸叔出洋事，經電話霍濟光兄。據云現在美國各學校放假，來不及請求獎學金，又云于主教來函，亦說時間來不及。而天主教在美女學校較多，今年可能有一部份女生前往。雖然希望不多，仍與霍氏約定，改日作禮貌上拜訪毛神父。

6月23日　星期三

　　上午九時半參加中央常務會議。關于監察院本黨提名副院長候選人事，經監察委員本黨同志黨員大會，用無記名投票。選舉結果，梁上棟同志得出席人數過半數，當選副院長本黨候選人。嗣反對梁上棟同志一方面認為梁氏用小組織種種不合法行為，向中央黨部控告梁氏。經張秘書長向本日常會報告後，總裁指示交梁上棟

同志予以答復。在中央此次對副院長絕對民主選舉，今儘如此，良可惜也。本日中央常會散會後，總裁約談陳光甫兄事。總裁說最近很忙，擬下星期與光甫見面。余又將光甫事補述一番。

6月24日　星期四

總統就任後，除將行政院改組外，現又將軍政高人事更動。計孫立人為總統府參軍長，桂永清為參謀總長，黃杰陸軍總司令兼台灣防衛司令，梁序昭海軍總司令，周彝鼎為國防部政治部主任，空軍總司令總司令王叔銘職期屆滿，著連任一次。至其聯勤總司令、副參謀總長等高級軍事主管多人，亦將在日內發表。此乃軍事大員大調動，希望能煥然一新，積極準備反攻大陸。

6月25日　星期五

午後四時半光甫兄到信義路寓所吃點心，並談最近接洽上海銀行事。午後五時半，到長安東路一段二十八號王雪艇（世杰）家出席小組會議。仍討論本黨幹部政策，未得結論，保留下次再談。即在王家晚飯。本日（廿五）上午偕霍濟光兄到北投天主堂訪毛神父振翔兄。毛年四十一歲，精明強幹，教義頗深。談庸叔獎學金事，毛說今年時間來不及，明年代為洽辦。計談一小時又卅分，暢論宗教哲學意義。余臨行時特到禮拜堂參觀，向耶穌像行三鞠躬禮。這是余有生以來第一次向耶穌敬禮者。

6月26日　星期六

訪前教育部長程天放兄。他自交代部務後，尚未有其他工作。余深感謝天放幫助申叔出洋。

6月27日　星期日

我國海軍廿三日在台灣附近海面截獲資匪油輪土阿普賽號。蘇俄指責美國截獲蘇俄油輪應負責一節，美國于廿四日加以否認。蘇俄曾稱該國業已準備採取「適當措施，以保障行駛該區蘇俄商輪之安全」。這件事也有人顧慮，恐事態擴大。我認為自己發動應堅決到底。

6月28日　星期一

上午九時出席中央紀念週，聽取外交部沈昌煥次長報告最近日內瓦會議。沈警告民主國家「分割越南，將鑄成大錯。不能戰而和，等于投降。自由亞洲人民需警覺，勿吞食匪共糖衣毒餌。中、日、韓、菲應密合作，與東南亞聯盟相策應。時間的因素最為重要，民主國家應迅速行動。」

6月29日　星期二

參加在韓國的鎮海召開的亞洲人民反共會議，我國人民代表杭立武兄（計六個代表，立武其中之一員）日前會罷歸來，今日上午來談。據云韓國軍事完全聽命于美國，因此韓軍實力雄厚。至韓國內政由韓人自己管理，感覺人才缺乏。韓國經濟則非困難。

6 月 30 日　星期三

上午九時卅分參加中央常務常會議，總裁親臨主持。聽取出席鎮海會議代表等報告會議，決議下次會議在台灣召開，必須日本參加，以達中、日、韓三國團結。

7月1日　星期四

　　山田純三郎先生本午起程返日，余特于上午十時至其寓所送行，並送本省茶葉及火腿，聊表心意。山田我之老友，年高七十九歲，此去何日再見，未可知也。

7月2日　星期五

　　光甫兄到此已五十日，所接洽銀行總管理處事，迄今尚無頭緒。且因天氣熱，年老乏人照料，而香港家眷是否來台亦未能決定，所以時常有不愉之感。余不時往訪，多方予以安慰，以盡老友之道也。澎湖副司令馬呈祥來見。據云中央組織朝漢團，赴麥加朝聖，以堯樂博士為團長，他為副團長。他現正在國防大學上課，不擬前往。余曰中央既已派定，自以前往為宜。他又云回教內部複雜，應付不易。霍濟光兄午後來見，據云有許多朋友想請毛神父振翔赴美向天主教爭取中國留學生獎學金，要我寫信與蔣總統促毛赴美。計談一時半之久。其中曲折複雜，余最後答曰，先要問神父是否願意赴美一行，毛果願意，必須請蔣總統促駕，因此要我寫信與蔣總統，似有未妥。倘要我口頭向總統報告，我可考慮，但必須先與張秘書長其昀面商。但我尚有顧慮者，就是我的兒子曾請毛神父代辦獎學金，我為毛說話，恐社會對我有不良批評者也。

7月3日　星期六

　　上午十時到總統府參加國父紀念月會，暨中政府新任軍政各機關首長次長宣誓就職典禮，蔣總統臨監誓。

參與宣誓官員計有總統府秘書長張羣、參軍長孫立人、國防會議秘書長周志柔、參謀總長桂永清、國防部副部長黃鎮球、副參謀總長徐培根、彭孟緝、空軍總司令王叔明、陸軍總司令黃杰、海軍總司令梁序昭、代聯勤總司令黃仁霖、參謀次長羅列、馬紀莊、賴名湯、第一兵團司令胡璉、第二兵團司令石覺及行政院各部會政務次長等二十五人。宣誓畢，總統訓話，大意是必須每人具備三民主義的思想與總理「知難行易」哲學基礎，然後以王陽明的「知行合一」哲學去發揮他，祇有這樣工作才能發生效率，革命才能完成云云。這是將總理「知難行易」的哲學與王陽明「知行合一」哲學混合一起，究竟如何混合，如何勾通，尚須大大加以研究。

7月4日　星期日

美國艾森豪總統特使符立德將軍完成訪問中、日、韓三國調查軍事及經濟援助實際情況後，于今日上午十時離開台灣飛返美國。臨行時向報界發表談話，他個人認為中美間應締結雙邊安全條約，他盛讚成我國最有決心勇氣，在太平洋最堅強為美國最友善盟邦。法軍退守河內與海防，共匪不戰而佔紅河三角洲富庶之區，使越南局勢日益惡化，使匪對東南亞將擴大侵略。

7月5日　星期一

我去年今日由台中來台北，迄今一年。我在台中居住很久，對台中人事風光很多懷想。上午十時半到陽明山革命實踐研究院，參加總理紀念週暨黨政軍幹

部聯合作戰研究班第三期開學典禮。本日（五）致馴叔函，要他們照料申叔。因申叔身體欠佳，學業無基礎，我有遺憾。

7月6日　星期二

光甫今日上午十時謁見蔣總統，談話結果圓滿。我對光甫此次來台友誼上之幫助告一段落。

7月7日　星期三

上午九時卅分參加中央常務會議，總裁主席。討論「實施都市平均地權」，至午後一時半散會。天氣很熱，我們很疲勞。

7月8日　星期四

皖南同鄉徐鼎夫婦過訪，彥龍陪他一同來的。徐精明強幹，現任經濟部政務次長。我與徐暢論現在與將來的中國在經濟建設，否則不能立國，並鼓勵徐一生從事經濟事業。

7月9日　星期五

故友谷紀常（振倫）兄本日安葬極樂公墓。上午十時由極樂殯儀館啟靈，余于九時半前往致祭。因天熱路遠，未能執紼。下午三時主持紀律委員會第廿四次會議，討論四十二年中央黨部決算，及八月二日四中全會紀律委員會報告，及其他例案等。

7 月 10 日　星期六

　　前請洪蘭友兄致函天主教于斌主教，為庸叔請留美獎學金，昨據于斌主教復函，今年沒有男生獎學金云云。以庸叔暑假後讀大學三年級，本不應在此時出國，我明知希望不多，為安定家庭環境，不得不如此也。今晨晤光甫，據云自晉謁總統後，擬將上海銀行總管理處移台灣公文，已送交財政部。認為情形良好，甚為滿意云云。午後五時半出席第卅八次小組會，地點賈院長景德家，即在賈家晚餐。

7 月 11 日　星期日

　　甘、青、寧、新四省旅京人士于本日上午十時在善導寺，舉行該四省反共抗暴殉難烈士追悼大會。余與該四省有過去歷史的關係，特于是時前往致祭。

7 月 12 日　星期一

　　上午十時卅分參加陽明山總理紀念週，蔣總裁親臨主持，並講解王陽明知行合一學說的傳習錄。午後一時餘散會，我們下山回家午餐已二時矣。

7 月 13 日　星期二

　　美國反對匪幫進入聯合國情形甚囂塵上。英國始則贊成入聯合國，今則見勢不佳而轉變，仍由英首相邱吉爾表示英國目前不考慮此事。英國外交素來遂機應變，令人難測。茲將邱氏表示新聞一則黏于後。

邱吉爾說：匪想入聯合國　英目前不考慮

合眾社倫敦十二日電

英首相邱吉爾今日宣稱：現在不是准中共進入聯合國的時機。首相以著重的語氣告下議院稱：「在目前情況之下，英政府當然不認為目前是重行考慮此事的時機。」

邱氏稱：在他訪問艾森豪總統之後，美國對于中共進入聯合國的可能性問題掀起了極大的風波。他對此甚為驚異。

邱氏稱：英國對華政策，並無根本改變，且仍以工黨外相摩里遜的聲明為基礎，那就是說，中共偽政權「應在聯合國中代表中國」，但以其目前作為，均與憲章原則相悖，故其進入聯合國事，已展遲考慮。

7月14日　星期三

有名軍官湯恩伯因患胃疾，在日本用手術逝世。本日靈櫬運回台北，余即往殯儀館致祭。湯氏生前與余感情很好。連日天氣很熱，通常室內在華氏九十四度左右，今午後狂風暴雨，深夜降至八十四度。

7月15日　星期四

國民大會本黨黨團小組組長任期屆滿，本日午後六時在台糖公司舉行改選小組長。由楊代表繼曾召集，計出席代表十四人，另三代表請假。用無記名投票，趙執中當選為小組長。楊代表繼曾並招待我們晚餐。回教友人堯樂博士（新疆）、馬呈祥及馬賦良、蕭永泰、堯道

明五人為出席本年度在麥加舉行的回教朝聖大典的中國代表，將于十七日起程，余本日特到彼等寓所為之送行（堯樂家中）。同鄉友人吳鑄人兄在香港辦一個中學，他將于日內前往視察。本日下午鑄人過訪，談該校數年來艱苦經過情形。嗣談及同鄉中有說我不幫忙，答曰「豈能盡如人意，但求無愧我心。」同鄉人多，何能事事使人滿意。我既無權力，更無派系，全靠個人真誠做人做事。如周昆田隨我時間最久，而又關係最深，我未能替他找到工作。又照料我的家務多年的曾伯雄，亦在閒住。以周、曾兩位我都無辦法，我實慚愧，對于各同鄉，祇有請他們原諒云云。

7 月 16 日　星期五

午後陳光甫兄到和平東路寓所，談及中國旅行社事，擬增資組織董事會。陳原擬約我參加，我今日表示不擬參加。我主張光甫亦不擔任董事長，相信現經理陳樹仁。光甫深以為然。嗣又談上海銀行總管處移台事，進行非常順利。計談二小時之久。

7 月 17 日　星期六

陸軍總司令部孫克剛兄（辦公廳主任）午後過談。據云現調任總統府參軍長、前任陸軍總司令孫立人將軍，在四年總司令任內，一切苦幹實幹精神，深得將士之信仰云云。我認為立人兄不但能苦幹、實幹，尤能忍耐，而且品學兼優，是反共抗俄最有能力、最有希望，有數之將領者也。

7月18日　星期日

　　【無記載】

7月19日　星期一

　　上午十時參加陽明山紀念週。陳光甫兄秘書沈維經之子宗惠，因明日舉行出洋留學考試，臨時發生支節。沈夫婦偕子來見，請求設法。余以青年出國深造，當即致函張教育部長，比即發給準考證。

7月20日　星期二

　　越南作戰八年，聯軍死亡近九萬人，損耗八千餘萬億法郎。竟在日內瓦簽訂屈辱越境停戰協定，以北緯十七度分割越南，海防法軍十個月內撤退，寮國、高棉所有越軍及法軍一律撤退，一九五六年七月全越舉行選舉。美國未簽字，聲明不向共黨保證停戰，不以武力干擾停戰。這是法國罪魁，英國幫兇，美國圖托空言，亦是法國殖民地下場。日人恐懼將來，西方輿論均表悼惜與悲觀。此乃共黨取得東京灣，與中國大陸聯絡最大勝利戰略後果。東南亞勢將不易保守，所有民主國家，勿再苟延，勿再自私，從速建立東南亞聯防，或可保全于萬一也。

7月21日　星期三

　　上午九時三十分參加中央常務會議。午後訪光甫兄，談庸叔兒擬參加九、十月間將舉行第二次高中畢業生獎學金留學考試，請光甫兄幫忙。伊允即函託至友孫

瑞麟兄，代向佛羅立達州立大學請求獎學金。以一般情
形測之，似有希望。

7 月 22 日　星期四

桂崇基兄兩次來訪，擬約我本星期日晚餐，其意
誠懇，異常感謝。中午孫參軍長立人過訪，他認為調
任現職甚為滿意，對于軍事前途，未能樂觀。我曰你
（孫）任陸軍總司令四年之久，深得軍心，吾人聞之
甚為快慰。

7 月 23 日　星期五

我一生做事、做人「負責任、重感情」，所以能得
人諒解與同情，但一生吃虧亦在此。惟願吃虧，則我心
安理得。

7 月 24 日　星期六

本午十二時卅分，蔣總裁在台北賓館招待最近返國
述職駐美大使顧維鈞午餐，約我等評議委員及中央常務
委員，及中央各組會主任作陪。席間顧報告國際形勢，
雖越南談判不利，可使民主國家尤其是美國之覺悟。顧
氏六十八歲，與余一別四年，風采不減當年。反共青年
義士岳瑞伍頃由巴黎回台，據云申叔身體很好。

7 月 25 日　星期日

桂崇基招待晚餐。二十三日晨在海南島南約卅里海
面，有中共匪幫飛機擊落英國客機。該機乘客有六個

美國人，三人已遇難。該機乘客共十七人（美六人在內）、四名機員，中只有八人獲救。英國決向匪提出抗議。美國認為極嚴重，指斥匪須負責任，已派航空母艦兩艘至出事地點掩護營救工作。這是美國不得已的措施。

7月26日　星期一

一、人所皆知美國第七艦隊在遠東，現在美國承認第一艦隊也在遠東。這個行動非同小可，即使在韓戰期間，也沒有認為亞洲海面派駐兩個艦隊必要。這是美國準備攤牌。美國務院今日（廿六）宣佈，以兩艘航空母艦為基地之美國海軍飛機，已在中國大陸海外擊落兩架中共戰鬥機。該兩架美國機，當時係從事搜尋被中共戰鬥機擊落英國客機上倖有的乘客。該兩架美國飛機「均屬救生型式」。「在公海上空遭兩架中共機襲擊，進襲之飛機顯與擊落英客機之飛機屬于同一型式。」共匪復英國抗議文中，供認匪機爆行，向英國道歉，諉稱「誤認」英機為我機，準備賠償所受任何損失。中共匪幫向英道歉，實際無異承認中華民國空軍對中共佔領下之大陸實行突襲頗有效果。中共此次暴行，其原因不外在日內瓦對于越南和談之大勝利後，進一步對自由國示威，看看自由國家動態。

二、同鄉孫立人兄的堂嫂、孫克剛之母程太夫人日前病逝，享壽七十五歲。余親往弔唁。

三、張岳軍兄本晚七時卅分招顧維鈞、陳光甫、錢新之晚餐，約我作陪。

四、本黨中央委員會本日上午舉行總理紀念週，我主席。領導行禮後，由本國駐美大使顧維鈞就當前國際局勢與今後發展方向，作五十分報告。大意是當前國際表面弛緩，實際尖銳，美對亞洲立場堅定，共黨侵略打打談談一貫政策，民主國家必須團結。美對中、韓增加援助，反共部署，美更積極。民主國家終將覺悟，堅決反共，繼續奮鬥，我之希望與信念必將達成。

7 月 27 日　星期二

補錄七月四日彥龍、伯雄二人連名函告申叔三件事于後。

老太爺囑告弟下列三點：

一、一切事必須務實，蓋務實為一切事業之基礎，但要達到務實目的，絕不可存徼幸心理，及有慌亂無主之舉動。

二、做生意賺錢，原則上當無可非議，但本身既無資本，而用人家資本做生意，則必須特別審慎。若至南美開書店及飯館，尤應慎重。曩者弟在台北曾做過生意，對于商場之變化，請勿忘記。

三、錢之得來確非易事，弟有關康健用款，固不可節省，但對其他開支，總以力求撙節為原則。語有云：「有錢當想無錢日，莫到無錢想有時」，殊堪作為用錢時座右銘。家庭經濟情形，弟所深知，

將來生活，自須預為計及也。

此函為老太爺口授，昆田筆記，伯雄謄清。希能保
留，以資常閱，併及。

7月28日　星期三

上午九時卅分參加中央第一三〇次常務會議，總裁
主席，討論幹部政策等案。陳其采（靄士）先生現在陽
明山養病，其病勢甚重，我特于午後三時往視。此次仍
係氣喘舊疾復發，已至晝夜不能安眠、不能飲食，情形
異常狼狽。陳現年七十五歲，與我認識已有五十有二年
矣，這是彼此旅台灣友人中的見面最早者也。

7月29日　星期四

近日社會士人紛紛謠傳我將任中央黨部秘書長，
並有很多友人向我詢問此事。不管真假，以我七十一
歲老人，決不能負此複雜重任。我深感諸同志先生們
對我的尊重，對我的好感，果真要我負此重任，我亦
祇有堅辭。

7月30日　星期五

【無記載】

7月31日　星期六

中國古語：「作之君、作之師」。堯舜是作之君，
孔子是作之師。作之君在一時，作之師卻不限于一時。
所以後人說：「孔子賢于堯舜遠矣，自民生以來未有孔

子也」，當知社會人物之所以高出政治人物正在此。

8月1日　星期日

得申叔巴黎來電，李石曾先生上月廿七日由巴黎起身飛台北，李昨日抵香港，預計今日可到台北。上午到機場歡迎，李未至，聞因飛機損壞，在港修理。

8月2日至5日　星期一至四

從本日起至五日止一共四日，參加第七屆四中全會。通過建立基層幹部制度，與革命教育基本等重要案件，並改選張厲生為繼任秘書長，前秘書長張其昀選為常務委員。值此炎熱天氣，蔣總裁親臨主持，而各同志熱烈討論，其精神實在可佩，余亦勉強支持。在大會期間（三日），總裁約諸老志午餐。總裁說擬以先總理知難行易與王陽明先生知行合一為革命教育哲學，詢我意見。答陽明學說重在行，尤其重在即知即行。五日午後閉幕，總裁約全體與會同志晚餐，並有晚會，係越劇。至十一時方散。我連日上下陽明山，非常疲勞。在此次會中，五日午何敬之招待午餐，且於會期中每日中午招待休息地方，十分感激。

8月6日　星期五

光甫兄來函，財政部已批准上海商業銀行總管理處移設台灣。經三個月之洽辦，得此圓滿結果，殊堪快慰。申葆誠君致庸叔函云，林少宮于一月前已離旦頓城，聞之令我十分著急，十分憂慮。但有一個多月馴叔亦未來信，立即去函查詢。蓋馴叔素守信用，前次函電表示暫留美國，當不致不辭而去也。人心難測，我亦不

敢過于相信也。

8月7日　星期六

　　上午十時參加總統府八月份國父紀念月會，由副總統主持。連日天氣太熱，又為俗務糾纏，必須應酬，身心均感不安。往往夜間睡眠不佳，辦事精神更為不振，尤感三個兒子尚在讀書之際，家中人等一切皆須我七十一歲老人負責，身心萬分困苦，大有不能支持之勢。這都是命運使然，只有逆來順受，過一日算日。

8月8日　星期日

　　總統府國策顧問、前國民政府主計長陳其采（藹士）先生于昨夜亥時病逝台大醫院，今晨移極樂殯儀館。我得詢後即往弔唁，並籌議組織治喪委員會。當即由諸親友決定以我與張羣、張道藩、何應欽、王寵惠、俞鴻鈞、賈景德、谷振綱等四十七人為治喪委員。下午六時舉行第一次會議，推舉我為主任委員，朱家驊為副主任委員，許靜芝（總統府副秘書長）為總幹事，趙葆全（農民銀行總經理）、陳保泰（陽明山管理局長）二人為副總幹事。通過呈請政府褒揚撫恤各案，決定八月十日下午三時起舉行公祭，五時大殮，六時出殯，遵照陳先生遺囑火葬。惟陳先生身後蕭條，關于治喪費以及將來家屬生活費，另行籌措。藹士先生享壽七十五歲，遺下二子一女，都已成年。藹士係先烈陳英士（其美）先生的胞弟，我與英士在滿清末年認識，係由藹士介紹者。我與藹士相交五十有二年，在公在私痛悼良深。

8月9日　星期一

中央黨部新舊秘書長張厲生、張其昀于上午八時在中央黨部禮堂舉行交代儀式，蔣總裁派我監交。我致詞中讚揚前秘書長張其昀，自國民黨成立中央改造委員會，擔任秘書長職務以迄于今，對于黨務工作很多建樹，尤以出版物比較本黨任何時期獨多。新任秘書長張厲生在過去中央黨部服務很久，經驗豐富。現在張前秘書長選為中央常務委員，兩位張同志都在中央服務，使中央力量加強，將來黨務必更多發展，更多光明云云。嗣新舊秘書長亦在交代儀式中致詞。上午九時中央委員會在實踐堂舉行總理紀念週，由我任主席。由副秘書長周宏濤報告四中全會經過及重要決議案，繼由新任秘書長張厲生致詞，至十時散會。

8月10日　星期二

午後四時半，陳藹士先生治喪委員會舉行公祭，推我主祭。五時大殮後出殯，我親送火葬場，六時火葬。

8月11日　星期三

上午參加中央常務會議，總裁主席，新任張秘書長厲生第一次出席常會。因案件不多，僅四十分鐘即散會。此為余參加常會時間最短的一次。陳伯蘭兄在北投寓所招待顧大使維鈞午餐，約我作陪。天氣很熱，中午在炎日之下往返，身體非常疲困，大吃虧了。陳光甫兄昨日轉來美國佛羅立達州立大學當事人來電，批准庸叔一年全部獎學金云云。如此則庸叔可以參加本年九、十

月間第二次出洋留學考試。這都是光甫兄特別幫忙，若非交誼深厚，何人對我有此熱心乎。此事自發動日起，至今不過三星期即得學校允准，可謂神速矣，亦可見光甫兄委託孫瑞麟兄在佛羅立達代辦此事之得人矣。本日特到北投向光甫道謝。

8 月 12 日　星期四

故友陳果夫兄八月廿五日三週年紀念，蕭青萍、鄭一同要我作文或演講，特訪胡建中兄，託他代為辭謝。光叔大發寒熱，今午後至四十度〇五，這是最近台北流行性感冒傳染。

8 月 13 日　星期五

參謀總長桂永清于昨晚十時卅分以心臟病突發逝世，各方咸表驚悼。桂氏江西貴谿人，享壽五十四歲，性情篤實，久歷戎行，軍人中後起之秀。在本六月卅日始就任參謀總長職，各方期望甚殷。桂氏對我素來為重，且是誠懇尊重。我對桂氏突逝深感痛惜，遂于今晨親往殯儀館弔唁。

8 月 14 日　星期六

因本星期三中午往來台北與北投，受暑患流行性感冒，特于本日上午請朱仰高診治。

8 月 15 日　星期日

參謀總長桂永清將軍本日大殮，我于上午八時卅分

帶病前往致祭。

8月16日　星期一

　　感冒既未愈，且有熱度，再請朱仰高醫師復診。許靜芝兄過談，有關于陳藹士先生治喪經過，以及籌措經費，除已交到（七萬多）與即將交到，約有十萬元之譜。除治喪費及醫院等等用四萬多元，尚餘五萬餘元，已交藹士家屬手收。藹士先生為人篤實，身後圓滿結果，子女成人，福壽全歸。

8月17日　星期二

　　熱度雖已正常，咳嗽更甚，須避風休息一、二日，當可全愈。監察院已同意蔣總統咨提莫德惠為考試院長，王雲五為考試院副院長，楊亮功等十九人為考試委員。查莫、王二人都是無黨派人士，以之任考試院正副院長，切合時宜。蔣總統就任後，已將行政院、考試院先後改組，司法正副院長辭職，經總統慰留，至立法、監察兩院自身既不改選，至此五院人事業經確定。今後要看五院工作表現如何，以達成反攻大陸的期望。

8月18日　星期三

　　光甫上午過訪，談該行總管理處移台現在辦理情形。並與庸叔用外國語談話，認為庸叔出國考試外語可以夠用。咳嗽仍未止，仍服朱仰高藥方。連日因病未到中央黨部辦公，一切都由洪蘭友副主任辦理。此種感冒在年青時絕無問題，在年老人經一星期之久未愈。共匪

連日宣稱解放台灣，甚囂塵上，並強調「台灣的征服是
中國內政，不容外國干涉」。所謂外國干涉者，就是指
美國，因此美國表示強硬態度。美總統艾森豪申明協防
台灣決心，共匪如敢侵台灣，美艦即予迎擊。又美太平
洋艦隊總司令史敦普上將昨日到台，即赴大陳前線視
察，表示以太平洋整個艦隊力量保護台灣。我們台灣，
要人家保護，真是我們恥辱，我們要知恥，要奮鬥。

8 月 19 日　星期四

　　晤沈維經兄，商談庸叔出洋應行準備之事項，因他
的公子正在辦理出洋手續之故。

8 月 20 日　星期五

　　前財政廳長任顯群兄過訪。因吳國楨案，當局對伊
不諒解，伊擬請我向蔣總統進言代為疏解。查任氏有魄
力、有毅力、敢作敢為、勇于奮鬥，係亦青年有為之
才，不過得意太早，未得到有道之士的指導，是其最大
吃虧者。此人一番風順，經此次吳案之連纍與教訓，可
以增長他做事做人的進步。

8 月 21 日　星期六

　　申叔前次來函，說李石曾先生與他商談到南美烏拉
圭開飯館與書局等事。余數日前已與石曾略談，今日
（廿一）特再與之暢談。據石曾說巴黎段公使贊成申叔
繼續讀書，他（石曾）認為申叔繪畫與身體為其生命
線，辦生產事業尚在其次。至談到書局事，石曾表示擬

派李韻清前往主持云云。我表示關于申叔到南美的烏拉
圭，我們老夫婦都贊成，還要請李先生多多照顧。李曰
我們商量，未有具體的話。石曾又提到申叔婚姻事，答
曰我沒有力量養活媳婦及孫子，祇得等申叔自己有生活
能力再說。與李先生談話一小時，情形大致如此。當即
託伯雄將上項談話情形轉告申叔，並告申叔一切事要靠
自己，前次所說「務實」二字為一切做人做事的基礎云
云。蓋申叔主觀太重，幻想太深，不務實際，重虛榮，
尚漂亮，是他一生致命傷。他生性如此，我的改造方法
已至水盡山窮，只有付諸天命而已矣。好在天性忠厚，
凶可化吉。

8月22日　星期日

一、地方法院長趙執中過談。據云法院公文太多，深夜
　　閱看很辛苦，且案件很多有關政治性，更難處理。

二、訪桂崇基兒，託他代為慰問故桂參謀總長桂永清
　　夫人。據崇基云，永清之死係誤于醫生。以永清
　　年富力強，如此突逝，殊為可惜，亦是黨國當前
　　大損失。

三、大陸水災廣達十一省區，為歷史上所少見，其中
　　以長江流域和淮河流域情況更為慘重。

四、故友居覺生先生最小世兄伯齊留學比國七年，習
　　工科。日前回國來見，余外出未晤。今日特偕惟
　　仁夫人到居家看伯齊，態度犖犖大方，一望而知
　　是一個青年有為之人才，亦是居大嫂老年福氣太
　　好了。居家兒女個個學業都有成就。

8 月 23 日　星期一

駐美大使顧維鈞今日回美，余于上午九時到顧住所送行。出席中央紀念週。

8 月 24 日　星期二

接見中央黨部新副秘書長鄧傳楷君。他係江陰人，前任教育廳長。新任考試院長莫德惠、副院長王雲五來拜訪。午後訪蕭吉珊兄，談泰國情形。據云反政府派已為中共利用，正在練兵，預計在半年左右，泰北必定發生戰事。美國贈我國兩隻新型之驅逐艦，其性能、火力、速率均較現有之中國艦隻為高。據海總發言人透露，該兩艘任何一隻的威力，均較以前之「重慶」號巡洋艦為大。該重慶號現在共匪方面。

8 月 25 日　星期三

陳果夫兄逝世三週年，生前友好于本日（廿五）上午九時，假台灣大學法學院禮堂舉行公祭，推我主祭。陳副總統在公祭典禮中致悼念詞，呼籲精誠團結，完成反共抗俄任務。參與公祭者有于右任、王寵惠、俞鴻鈞、張道藩、嚴家澄、張羣、何應欽、朱家驊、蔣經國等千餘人。

8 月 26 日　星期四

國民大會聯誼會因本會代表莫德惠、王雲五新任考試院長與副院長，特于本日上午九時半在中山堂舉行茶會，招待莫院長、王副院長，推我任茶會主席。我先致

詞，繼由莫、王二代表分別答詞。與麗安發生口角。

8月27日　星期五

本日下午四時主持紀律委員會第廿五次會議，案件甚多，天氣甚熱。

8月28日　星期六

光甫迭次約我到其北投寓所休息，特于今日上午前往。住屋在半山之中，風景怡人。適建築家陶桂林亦來訪光甫兄，因此大談其建築工程。又胡光麃亦來訪光甫兄，他談替政府代造小型登陸艇一百隻（每隻可乘四十人）。余本晚宿光甫寓中，因市區較遠，無汽車聲音，夜間睡眠甚舒服。

8月29日　星期日

上海銀行即將在台灣成立總管理處，光甫約我做董事。余曰你如因便利而且需要，是可以的。他說是為便利與需要的。至此為多年感情計，未便表示辭意。午後五時回台北。

8月30日　星期一

下午四時出席中央銀行第三次理事會，討論該行四十三年度修正營業預算、四十三年上半年度營業結算等案。下午五時參加裕台企業公司理事會，並在公司晚餐。

8 月 31 日　星期二

上午回看錢穆先生，他新由香港來台。

9月1日　星期三

　　新舊任考試院長、副院長、全體考試委員（十九
位）及秘書長交代典禮，于本日上午十時十五分在木柵
該院大禮堂舉行，奉總統諭「派吳諮政忠信監交」。參
加典禮二百餘人，行禮如儀後，首由卸任賈院長將印信
交給新任莫院長，繼由我以監交身份致辭。大意如下：
本人奉總統命來監交，感覺非常愉快。查考試院成立廿
餘年，首任已故戴季陶（傳賢）先生艱難締造，費了不
少心血，所以奠定了深厚基礎。以後繼任各位院長蕭規
曹隨，都有優良成績表現出來，尤其在賈煜如（景德）
院長、羅志希（家倫）副院長任內，在人事制度及考銓
工作方面更有輝煌成就。新任莫柳枕（德惠）院長、王
雲五副院長學識經驗均極豐富，接事之後，必然能為國
儲才，與反共復國的國策相配合。至交接這一件事，有
形式的、有精神的。形式交接如同印信、員工、經費、
公物、檔案等等，這都有冊子可以由各單位主管負責，
不會錯的。精神交接最為重要，我可以引一句論語：
「舊令尹之政必以告新令尹」，這就是古人政績交代，
也就是我們現在的精神交代。現在監交完畢，本人表示
滿意，祝考試院前途光明。接著由卸任賈景德院長、新
任莫德惠院長、王雲五副院長先後致辭，至十時五十分
典禮結束。

9月2日　星期四

　　下午三時參加中央常務會議，專案討論大陸匪情，
聽取軍事、外交報告，至六時半散會。這余參加中央常

一年有餘，討論最重軍事案件。友人沈成章兄日前由台中來台北醫病，今晨返台中，余到車站送行。

9月3日　星期五

上午十時至圓山忠烈祠出席秋祭陣亡將士典禮，蔣總統親臨主祭。上午十一時至總統府參加國父紀念月會，同時新任考試院長莫德惠、副院長王雲五及新任十九位考試委員舉行宣誓典禮，蔣總統親臨監誓。麗安與鬧意見發展至高峰，我實在痛苦，憑我良知，憑天地鬼神，我實無愧于心。惟仁老太太識大體、顧大局，要我忍耐。又云你二人如此，將來置兩個小孩（指庸叔、光叔）何以做人。我大為感動。

9月4日　星期六

一、陳光甫兄此次來台，呈請政府在台北成立上海商業儲蓄銀行總管理處，既經政府批准，本日成立董事會，請我與陳長桐等為該會董事，光甫兄為董事長。今後即要辦理指揮香行與計劃解凍在美國的存款。

二、中央黨部第四組主任馬星野就職，于本日下午四時在中央黨部舉行交接典禮，中央派我監交，到該組工作人員及新聞界人士八十餘人。前主任沈昌煥親將印信及各項清冊點交，馬星野接收後，首先由我致詞。大意新舊主任過去在宣傳方面工作之成就，今後國際宣傳最為重要，深盼在外交（沈昌煥現調任外交部政務次長）與宣傳方面互相

合作，充份發揮宣傳效能云云。繼由沈昌煥、馬
星野先後致詞。

三、下午五時半出席小組會議，由我主席，並約諸同
志晚餐。

四、今晨訪李石曾先生，談申叔赴烏拉圭簽證事。李
云現擬想一傾最簡辦法，就是本年聯合國在烏拉
圭開教育文化科學會議，李本人將為中國代表，
擬就這個機會設法使申叔同行（余曰果如此，旅費
由申叔自己擔任）。李又曰他日間飛巴黎，一切
與段公使及申叔面商（比即函告申叔）。李先生在
台有一個世界書局，特偕其負責人楊家駱先生來
訪，託我在台關照楊氏，余允予幫助。

9月5日　星期日

一、上午九時彥龍來電話，說麗安在他家，要與我見
面。我即偕伯雄前往，與麗安談話未得結果。我
向麗安表示，憑天地鬼神與吳家祖宗，問心無
愧，但麗安不能明白，奈何。

二、偕彥龍到天目看中國銀行宿舍，係莫柳枕所住房
屋。此地較空擴，比較市區易防空襲。莫氏既任
考試院長，將遷木柵，我想中國銀行將此屋讓
我，誰知銀行已先允他人居住矣。

9月6日　星期一

上午十時卅分到陽明山革命實踐研究院參加總理紀
念週，蔣總裁親臨主席，講國際情形。昨日敵人飛機一

架到市空，立即燈火管制。該敵機為高砲擊退。

9月7日　星期二

中午十二時卅分，光甫約在圓山飯店午飯。午後四時出席中國銀行董監事聯席會議，選舉徐伯園、陳長桐、嚴家幹、葉公超、周宏濤、莫德惠、陳光甫七人為常董，長桐總經理，伯園董事長。

9月8日　星期三

上午十時參加第一四〇次中央常務會議，總裁主席，討論幹部政策實行辦法等案，至十二時半散會。午後與陳樹仁兄談中國旅行社事。因樹仁與光甫等意見尚未能一致，樹仁認為在台數年獨立支持有功，而上海銀行同人認為該社是銀行附屬之一部份。

9月9日　星期四

世界書局股分有限公司董事長李煜瀛（石曾）先生敦聘我為該公司名譽董事，復由李氏以世界社投資代表團致我一函，其內容：

敬祈先生代表本社投資世界書局，並任該局董事（未經選舉前，先任名譽董事）為感。

此上

吳禮卿先生

李煜瀛敬啟　四十三年九月七日

查世界社組織已有相當歷史，在台灣除世界書局（該局資產約台幣三百萬元），尚有漢美煉鋼公司（正在籌

備）等。在烏拉圭有佩化學公司（投資十萬美金）、中
國國際圖書館及世界書局等等，聞在巴黎尚有事業。

9月10日　星期五

美國國務卿杜勒斯昨晨自馬尼拉起飛，午十二時抵
台北。對于自由中國作五小時訪問，即發表訪華聲明：
「中國已不再孤立，第七艦隊正堅強的執行協防任務，
不受共匪狂妄行為之恫嚇。」

9月11日　星期六

軍隊黨部主任委員周至柔、書記長蔣經國，因軍事
職務調動，堅請辭職。經該會委員會推舉彭委員孟緝
（現任參謀總長）繼任主任委員，張委員彝鼎繼任書記
長。本日上午八時卅分辦理移交，中央黨部常務委員會
推我前往監交，我準時前往。禮堂在國貨大樓五樓，我
簡單致詞，繼由新舊主任致詞。典禮完成後，又到七樓
照相。我雖七十有一歲，尚可步登七樓。今日中秋節，
往來拜節、送禮，尚屬難免。中國銀行總經理陳長桐今
日就職，我往道賀。今日兩次與李石曾先生晤面，談申
叔赴烏拉圭，大致決定。我今日致申叔一函。和純偕趙
氏姪媳、姪孫智麟（十三歲）于中秋月夜來拜節，此乃
祖宗三代過中秋。趙媳與姪孫尚係第一次見面，我非常
歡喜。

9月12日　星期日

一、本晚七時宴李石曾先生，有徐次辰夫婦、鄭彥芬

夫婦、楊家駱夫婦及李韻清、曹潤水、鄺允征等
作陪。

二、託石曾先生帶交申叔親筆一函，原文如下：

申叔兒：

　　石曾先生為當代之思想家，學識高超，你應以
師父之禮事之，聽其指導為要。

　　　　　　　　　　　　父示　九月十二日

三、麗安與我鬧意見，經龔禮珂、曾伯雄等疏解，接
受我的意見（唯一相信我的話）。因此午後三時，
龔禮珂陪我回信義路寓所。

9 月 13 日　星期一

本日上午九時，本黨中央紀念週由我主席。李煜瀛
（石曾）先生報告「國際中國圖書館與世界文化」，不
但得體且有內容。

9 月 14 日　星期二

李石曾先生今午起程，飛香港轉飛巴黎，我親往送
行。約十月間赴烏拉圭，已決定約申叔前往。我深感石
曾好意。

9 月 15 日　星期三

上午十時參加中央常務會議。

共匪砲轟金門與美國之動態

一、自本年七月以後，中共匪幫瘋狂叫囂解放台灣。

　　自九月三日起炮轟我大小金門，旬日來經我當地
　　炮兵還擊制壓，及海空軍聯合行動，作強有力的
　　答復後，匪軍砲火已漸微弱。共匪企圖業已粉
　　碎，我海空軍仍繼續轟炸廈門匪軍陣地，佔絕對
　　優勢。

二、共匪此次砲轟金門，係一面張大其政治作戰之氣
　　勢，一面採取軍事行動，以遂其破壞中美聯防，
　　孤立台灣之陰謀，更進而阻止東方反侵略戰線之
　　結合。此種陰謀，已被擊敗。

三、美政府宣稱，金門發生戰事，美國是否協防，應
　　由美軍事當局決定之。美國防部發言人說，中國
　　可使用美國軍援物資防守金門。如上所說，實際
　　上，美國已協防金門矣。

四、美海軍部發言人稱，現在太平洋有航空母艦十五
　　隻、巡洋艦十隻、驅逐艦一百廿五隻、潛水艇
　　六十隻。現又從大西洋增調太平洋協防四萬五千
　　噸航空母艦（中途號）一隻、驅逐艦十六隻。

9月16日　星期四

　　今日係農曆八月二十日，為惟仁老太太七十晉一
生日。于中午食麵，世祉、和純、襄叔、庸叔等均來
參加。適今日收到申叔由巴黎來祝壽函，老太太非常
歡喜。

9月17日　星期五

　　金幼洲兄介紹監察委員陳嵐峯兄來見。陳台灣

人，雖在日本習陸軍，但一向反對日本的，曾在大陸
國軍服務。

9 月 18 日　星期六

　　上午先後晤世界書局前經理李鴻球（韻清）、現在
經理楊家駱。他二人在世界書局共事有年，但意見甚
深，各執一詞。李鴻球有才幹，但辦事武斷，楊家駱書
生本色。石曾先生對韻清頗有危詞，對家駱相當信任。
韻清現正準備赴烏拉圭，這是石曾苦心之運動。換句話
說，也是調虎離山之計也。

9 月 19 日　星期日

　　中午十二時卅分在信義路寓所請錢穆便飯，並約徐
佛觀、龔理科、朱慎微、周昆田諸君作陪。錢日前由香
港來台，不日仍將返港。午後五時到梅龍鎮餐館為曹樸
山、劉玲證婚。曹安徽婺源人，軍校第六期畢業，日本
明治大學政經系畢業，一向軍政界服務，現在台灣警務
處任專員，年四十六歲。劉女士四川人成都人，年三十
歲，習會計，現在空軍任上尉軍需。

9 月 20 日　星期一

　　上午十時到陽明山參加總理紀念週，蔣總裁親臨
主持。

9 月 21 日　星期二

　　今日係蔣老太太六十六歲生日，我于清晨前往慶

祝。蔣老太身體較前為佳，又因偉國公子新由美國回來，更加歡喜。午後七時李鴻球（韻清）及其夫人李湯勵另招待晚餐，余因事未入席，先辭謝。

9月22日　星期三

上午十時參加中央黨部常務會議，蔣總裁親臨主持。經濟部長尹仲容出席報告電力加價百分之卅六，他強調其他物價不致因此上漲。討論很久，原則通過，由行政院從政同志與立法院同志商討。

關于申叔入黨事

本日由周昆田致申叔一函，原文如後。

寄來照片已轉府上，弟為老太太拜壽賀片，適于該日前夕遞到，合家同為歡忭。

周宏濤兄將于本月廿八日由台飛港轉法，視察黨務，到時彼當訪晤。老太爺謂：「余廿三歲時加入同盟會，申叔現年廿三歲，亦應加入國民黨。」並將此語與宏濤兄言及。李石老在台與老太爺談話時，亦曾主張弟即加入中國國民黨。吾人環顧現代世界上之政治思想，自以中國國民黨之三民主義最為崇高與完美，弟將來如欲為國家社會有所效力，誠應早日入黨也。如能即在法國由李石老及周宏濤兩人介紹入黨，尤為妥當。

此致

申叔老弟

周昆田　九月廿二日

9 月 23 日　星期四

今日秋分，天氣日漸轉涼，但雨季將來。

9 月 24 日　星期五

午後五時主持紀律委員會第廿六次會議。

9 月 25 日　星期六

周宏濤兄（中央黨部副秘書長）不日赴法國，特致申叔親筆一函，託宏帶往。原文如後。

申兒覽：

周宏濤兄現由台赴法，視察黨務，到時希特予招呼為要。宏濤兄學識高超，與余關係甚深，並望多多接受其指導。余一切如恆，宏濤兄當可詳告也。

父字　九月廿五日

午後五時卅分出席小組會議，由何應欽主席。討論台北市市議員選舉事，擬發動本市黨員支持。即在何宅便飯。

9 月 26 日　星期日

清晨訪孫立人兄，談到現任參軍長較為清閒，除到總統府辦公，即在家中讀書養花，頗覺心安。余曰暫時清閒，將來國家有事，還要出來負責任的。孫夫人篤信佛教，余至其樓上佛堂拜佛。

9 月 27 日　星期一

上午十時卅分到陽明山，參加總理紀念週暨黨政軍

幹部聯合作戰研究班第三期結業典禮，蔣總裁親臨主
持。典禮在革命實踐研究院舉行，分院第六期亦同時舉
行結業典禮。

9月28日　星期二

今日係孔子二千五百零五年誕辰，上午九時卅分在
總統府舉行紀念，蔣總統親臨主持，我等總統府諮政及
顧問人等一律參加。教育部張部長其昀講述「孔子學說
與革命教育」，至十時廿分完成。中央黨部周副秘書長
宏濤本日上午飛香港，轉飛巴黎，我于清晨八時卅分到
周宅送行。除前已作函託宏濤代交申叔外，茲再託轉告
申叔三事：「一、余身體強健；二、要申叔保全身體；
三、老太太身體亦好，希望申叔早日回國。」

9月29日　星期三

連日紛傳共匪自廿八日起轟炸台灣，但昨日以安然
過去。余認為共匪對台灣海峽美國第七艦隊必多顧慮，
所以大轟炸尚非其時。假定無攻台決心，飛機擾亂，乃
共匪不智之舉。

9月30日　星期四

考試院正副院長莫德惠、王雲武中午十二時招待我
午飯，在座有賈煜如、俞大維、楊亮功、雷儆寰、徐鼐
（健青）諸君。地點在木柵考試院院長官第，新建築房
屋，氣象光昌，易于防空。錢賓士先生明日將返香港，
本日午後余特往其住所送行。

10 月 1 日　星期五

連日謠言共匪將轟炸台灣，人心浮動。黃金與美票黑市價大長特長，影響市面。

10 月 2 日　星期六

上午十時到總統府參加十月份國父紀念月會，同時國防部長俞大維、副參謀總長余伯泉、國防會議副秘書長蔣經國、動員局長蕭毅肅及安全局長鄭介民補行宣誓，與月會合併舉行。蔣總統親臨監誓，並致詞訓勉。

10 月 3 日　星期日

前總統府秘書長王世杰來訪，並看申叔作品，頗稱讚。回拜世界書局總經理楊家駿、副理劉雅農、秘書李叔闌。

10 月 4 日　星期一

一、上午九時中山堂參加十月份聯合總理紀念週，由政治部主任張彝鼎報告軍中政治部公作。

二、倫敦九國會議簽署協定，恢復德國主權，重整軍備。美、英、法三國另與德國簽署協定宣言，半年內結束佔領，但仍留駐軍隊。初步決定武裝德國數目，計十二個師國民陸軍五十萬人，空軍八萬與一千二百五十架飛機，以及約二萬沿海海軍。雖然簽署協定，還要待該國政府批准，同時蘇聯必多設法破壞。

三、前駐韓國大使邵毓麟兄上午十一時過訪，談一般

國際形勢。他認為共匪對台灣孤立與分化之計劃未成，不致進攻台灣。

10月5日　星期二

下午四時偕惟仁老太太到和平東路三段朱騮先公館，看防空洞，比較堅固。因近日共匪宣傳侵台，吾家無防空準備，亦無力準備，萬一遇空襲時，擬到朱府躲避。本日（五）上午十時到濟南路一段社會服務處，參加胡文虎先生追悼會。查胡氏創造萬金油膏，有益于社會，我多年來常用此油膏塗患處，非常有效。此項油膏過去多年風行海內外，所獲利潤甚多，而胡氏因此捐助各方興學與慈善等事業，並在香港及南洋各處辦報紙鼓吹民主，較之一般看財奴大有天壤之別也。

10月6日　星期三

上午十時參加中央常務會議第一四六次會議，至十二時四十分散會。李先良兄今午抵台北，下榻余寓。

10月7日　星期四

【無記載】

10月8日　星期五

馬呈祥赴麥加朝聖回台，上午來見。談中東回教情形，認為中央在該方面工作，人力、財力都不夠。

10 月 9 日　星期六

　　沈維經電話，接孫瑞麟由美國來電，佛羅立達州立大學已准庸叔壹年獎學金。光甫兄亦于午後四時到信義路寓所談此事。他們的熱心，令我十分感激。

10 月 10 日　星期日

一、今日為我中華民國四十三年國慶紀念日，我等于上午九時到總統府廣場參加蔣總統國慶閱兵。總統勗勉三軍反攻大陸拯救同胞，實行三民主義完成革命任務。美軍官艾里森獻雙十節國慶勝利進行曲。我政府首長、歸國僑團、反共義士及義胞，以及各國駐華使團共千餘人，參加此一盛典。分列式於九時零五分開始，首為陸軍軍官學校，依次為海軍軍官學校、海軍士兵學校、海軍陸戰隊、空軍軍官學校、通信學校、機械學校，再次又陸軍某部隊及其附屬部隊全部行列，最後為裝甲部隊。各部隊咸精神飽滿，動作確實，而裝備之精良，及大砲火力，較去年大大加強。

二、孫立人兄過談，他現任總統府參軍長，可以隨時接受總統教訓，很為滿意，並不想擔任其他任何重要職務。但現在國防部俞部長迭次請他任國防部副部長，或後勤總司令，均力辭，並報告總統矣。

三、本日（十）午後五時，友人王秉鈞（化南）的女公子光品與胡印川舉行接婚典禮，請我證婚，禮場在菸酒公賣局禮堂。新娘係河北省邯鄲縣人，習會計，年廿四歲。新郎係河北省定縣，習農業，

年四十歲。來賓很多，多是立法委員，因秉鈞係
亦係立法委員之故也。典禮完後，余即告辭。

10月11日　星期一

今日係蔣總統農曆六十晉八壽誕（甲午年九月十五
日），余于上午十一時半偕許靜芝、陳宗熙到士林官邸
簽名祝壽。民社黨代行主席職務戢翼翹（勁成）兩次會
面。據云中央發表徐溥霖（孟岩）為反攻大陸計劃研究
委員會副主任，影響該黨團結（徐係由民社黨分裂出來
的），並云中央有偏袒，請我幫忙。

10月12日　星期二

上海商業儲蓄銀行經數月接洽與準備，奉財政部、
經濟部核准，在台北設立總管理處。今日正式成立，地
址在台北市仁愛路十六號，賀客很多，余九時前往。今
後該行唯一使命，在辦理在美國被凍結數百萬存款的
解凍。

10月13日　星期三

上午十時參加第一四七次常務會議，至午後一時散
會。研究共匪和平攻勢。

10月14日　星期四

段芝老（琪瑞）孫子昌義現任團長，迭次來見，表
示殷情。余特午後五時親至其住所訪問，他的夫人沈文
琳甚賢慧，岳父沈道晦（吳錫人），岳母張竹隱（長沙

人，信佛）。聞昌義生母是德國人，生昌義後即回德國。昌義孤苦零丁，今能成家立業，乃天助自助之結果，亦芝老做人忠厚之感應也。

10 月 15 日　星期五

午後六時半，史尚寬、雷法章、馬國琳在賈宅招待我及于右任、賈煜如等晚餐。史係現任考選部長，雷係銓敘部長，馬係前任考試院秘書長，現任考試委員，他們與前任考試院長賈煜如感情甚佳。

10 月 16 日　星期六

午後四時回看王雪艇先生（世杰）。本會副主任委員張壽賢兄，前次赴越南視察黨務，適越南戰事失敗，越北共匪勝利，中央即令壽賢辦理撤退華僑事宜，現已結束。昨晚飛返台北，今晨與余見面，談及越南三邦與泰國前途未可樂觀。壽賢此行經過四個月之久，異常辛苦。

10 月 17 日　星期日

上午到新店回看邵毓麟兄，他是浙江人，前任韓國大使。今日午後有兩處請余證婚：

一、孫立人兄堂妹（惠民）與楊準（建平，河北省人）于午後五時在國際聯誼社舉行婚禮，余準時前往證婚。

二、本會（紀律委員會）主任秘書祝毓（河南人）的大公子祝正義與王熙春女士（福建林森縣人），午後

六時在中山堂光復廳舉行婚禮，余準時前往證婚。
各方因我年過古稀，時常有人請我作證婚等事，我亦樂
得而為之。

10月18日　星期一

此次共產集團和平攻勢，其狡詐作用，有：

一、誘致日本，孤立美國。

二、離間歐美，宰割亞洲。

三、影響德國，誘使親俄。

以現國際形勢，美俄雙方均不願發動第三次大戰，除中
華民國外，整個世界大多反對戰爭。現在美國對台灣，
在軍事方面照常軍援，在政治方面希望與美國配合暫走
和平道路，尤其不贊成我們砲擊大陸沿海。我們處此國
際環境，可能吃虧，如我們堅強團結，就是暴風雨降
臨，亦可轉危為安。

10月19日　星期二

陳光甫兄午後過談。他云于十二歲學生意，是由奮
鬥中得來今日之成果。我對他非常同情，我亦是由萬分
辛苦中奮鬥出來的。他又說人生得一知己很不容易，言
下我是他唯一知己。

10月20日　星期三

上午十時參加中央常務會議，蔣總裁親臨主持。討
論「建立基層幹部制度施行辦法草案」，因此案重大而
複雜，再加研究，未作決定。善導寺啟建藥師如來法

會，係由李子寬及我等發啟者，由本日（廿）起至廿六
日圓滿，我于今晨到善導寺佛前敬香。

10 月 21 日　星期四

十九日闓申叔十三日由巴黎來函，大意是如下幾點：

一、赴烏拉圭簽證已辦妥，係由我國出席聯合國教育
　　科學文化大會中國首席代表李石曾先生，聘申叔
　　為私人秘書，再由石曾致函我國駐法大使館，即
　　由我使館用外交公函證明。烏拉圭使館即在申叔
　　學生護照上加簽外交護照，當日辦妥，由烏拉圭
　　大使面交申叔，免去檢查身體難關（查教育文化大
　　會定于十一月十二日在烏拉圭首都舉行）。

二、李石老囑申叔主持此次烏拉圭大會中之中國美術
　　展覽會，並先審查及佈置會場。申叔近作亦可同
　　時展出（這是申叔作畫展覽千載一時之機會，亦是
　　石老特別幫忙）。

三、原擬由馬賽乘輪去烏京，因周宏濤先生約陪遊覽
　　德、英、西、葡、比、瑞諸國考查，或抽出兩週時
　　間陪他一遊。為爭取時間，祇得乘飛機前往烏京。

四、石老生病已愈，擬經美國往烏京，現正辦理美方
　　簽證。

五、申叔法籍義子現送在法南部私家別墅居住，由祖
　　母親自照顧，並請兩位保姆特別注意他幼年時代
　　之健康，長得又白又胖（這件事我們事先毫無所
　　聞，非常奇怪。他已成年，他祇要有力量，他的
　　婚姻是他自己事。我迭次直接或間接說明，我無

　　力量養活媳婦與孫子的）。

10月22日　星期五

　　因連日不慎于食，自昨日午後起腸胃大感不適。今日、夜約有十多次大水瀉，且胃痛欲嘔，嗣服用「沙發加爾定」及仁丹，情形慢慢和緩。我深知「病從口入」，為何不慎于先，一致于此。下次必須特別注意，年老人經不住如此大腹瀉。

10月23日　星期六

　　今日腹瀉稍止，尚未能進飲食，亦不敢進飲食。仍繼續服沙發加爾定，此藥真有治腹瀉之特效。

10月24日　星期日

一、立法委員喬一凡來見。據云台灣是日本殖民地底孜，現在推行美國式民主，又參雜蘇俄許多辦法，再加上三民主義帽孜，真是五花八門，各項事業沒有方法辦好的。

二、午後與劉抱誠談漁業問題，順便談一切工商事業。有：1. 我們無資本，而集中社會資本亦不容易；2. 在民主法治之下做事，尤其是工商業，必定要知法守法，倘非法律專家，必須遵守法律，最低限度要能愚而安愚，方不致作奸犯科；3. 現在台灣局面太小，反攻大陸後，應建設的事業太多了，我們應約親朋，先辦小規模水泥、漁業、鹽務三件工商業。

三、回拜八十三歲老人馬伯瑤先生（安徽懷甯人）。伯
　　瑤先生在滿清時代先後任福建省邵武府知府、建
　　甯府知府，大陸淪陷，隨其公子聯芳（經濟部農林
　　司長，係青年黨）來台灣。伯瑤先生很有修養，
　　深通道學，對于易經亦很有研究。

10 月 25 日　星期一

　　午後接見青年黨張子柱兄，他現在擔任婆羅洲中國
建設有限公司總經理。該公司在香港有分公司，現擬在
台灣註冊，設立公司，營造疏散房屋。張氏日前來台，
並帶李幼椿（璜）致余親筆函，託余予以指教云云。
他們這個公司在婆羅洲很有成績，很賺錢，今來台灣註
冊，營造疏散房屋，亦是需要的。

10 月 26 日　星期二

　　安南玉桂在國藥中佔重要地位，但種類甚多，其中
以神桂最為名貴。此次張壽賢兄由安南回台，贈余雷神
桂一塊。查雷神桂特點，削皮些少，即聞有沉香氣，沖
水則如血色，入口無味，但應驗神速，有起回生之效
力。其治各症如下：老幼痧嘔、霍亂肚痛、虛寒咳嗽、
日久腹痛牙痛頭痛、水土不服、蠱脹積滯、食不消化、
雙單鵝喉、久咳肺痛氣痛、新舊胃病、吐白痰、腎虛、
積滯、紅白痢症、一切痛症、痧血、噎膈、失眠、婦女
月經不調等症，崇治四時霍亂、痧嘔、肚痛唯一神效。
輕者一錢半至二錢，病重者二錢至三錢。若服反嘔，即
要再沖再飲，至入肚見效為止。

10月27日　星期三

上星期五大腹瀉，腸胃尚未復元，更加衰弱。今日上午特請朱仰高先生診治，打各種維他命針。張載予介紹龔理昭（君彰，合肥人）來見。理昭係肥北鄉雙墱集人，與我老家相距廿餘里。理昭係友人龔雨滄先生胞姪，現任國防部第一廳第七組組長（管人事）。

10月28日　星期四

李韻清夫婦本日午後來辭行，將于本月卅日起程赴烏拉圭，係由基隆乘輪，經香港、法國，再渡大西洋赴烏京。余託韻清帶交申叔賀蘭山石大硯池一付（係申叔在家作畫時所用的）及棉紙一百張。本日收到申叔拾九日由法來信，即將起乘赴烏京，大約在十一月初旬。烏拉圭氣候溫和，物產豐富，地廣人稀，生活便宜，申叔前往，與其身體大有裨益。根本上一句話，還是要看他自己休養如何耳。

10月29日　星期五

一、偕惟仁夫人到李宅，為李韻清夫婦送行，重託李夫婦關照申叔。

二、今日是農曆十月初三日，是庸叔滿廿歲生日，虛歲二十一歲，係甲戌年出生的。時光過得真快，不覺已廿年了。甚望此子學有成就，效忠國家民族，了我未了之志。

三、下午三時主持紀律委員會第廿七次會議，至六時半散會。

10 月 30 日　星期六

一、今日是吳稚暉先生逝世週年紀念，上午九時在中
　　央黨部舉行紀念儀式，我等準時前往敬禮。

二、故友羅佶子先生公子毛弟由香港來。據云大陸人
　　民生活異常艱苦，每人一日四兩米，一月四兩
　　油，多患夜盲症與肺病。

三、中午十二時卅分光甫招待我們午飯，有擬議中中
　　國旅行社董監事江元仁、沈維經、呂蒼岩、劉竹
　　君、趙君豪、張壽賢、伍守恭、吳幼林（故友鐵臣
　　兄之公子）等在座。

10 月 31 日　星期日

　　今日是蔣總統六十晉八（陽曆）華誕，余于上午九
時偕老友何雪竹兄先到中央黨部簽名祝壽，再到總統府
簽名祝壽，並到新公園看菊花展覽會。

11月1日　星期一

中午十二時半，端木鑄秋招待陳光甫與我午飯，有趙志垚、陳長桐、陳滄波、孫桐岡、陳公亮、沈維經、江元仁等在座。

11月2日　星期二

一、日本吉田首相宣稱要走英美中間路線，換句話說就是日本中立化。這是送秋波于共匪，一面要脅美國。

二、蔣總統告日本記者：「為拯救我大陸同胞，我們必須反攻大陸，共黨不滅，決不停止戰鬥。」日報讚為最堅強反共領袖。我們認為總統這樣精神，令人可佩，其如一般不革命與苟安享受者奈何。

三、上午十時至總統府參加十一月份國父紀念月會，由經濟部部長尹仲容報告當前農礦工商一般情形，相當詳細。

11月3日　星期三

記陳濟棠先生逝世

中國國民黨中央評議委員、紀律委員會委員、總統府諮政、陸軍一級上將陳濟棠兄，于本日（三）上午十一時卅分患腦血管拴塞症，忽然逝世，享壽六十五歲。陳將軍最近擬在陽明山附近創辦紀念總理中學一所，三日晨曾親至北投法藏寺附近勘察校址，不意在途中忽然暈厥。他的夫人馮錫如女士及其隨行人員立即延請北投陸軍總醫院醫官前往施救，歷半小時無效，乃送

至台北中心診所，經診斷為腦管拴塞，無法挽救。隨即原車至中央黨部，卒在途中逝世。適中央常務委員會正在開會，我等隨即離會場下樓，見陳在車中緊靠其夫人身旁，心臟早已停止，比即將陳氏遺體送極樂殯儀館。吾人繼續開會，以全體評議委員及中央委員以及陳氏親友組織治喪委員會，並推陳誠委員為主任委員，鄭彥芬為總幹事，黃麟書、張壽賢為副總幹事。于當日下午八時第一次會議，定十一月六日上午九時在殯儀館大殮。我與陳濟棠（伯蘭）先生認識已卅餘年矣。第一次係在廣東小北江的含光戰地，老友鄧鏗（仲元）師司令部見面者，當時伯蘭兄任仲元兄中校參謀。嗣後不時往來，彼此感情素來融洽，尤其感謝伯蘭對我尊重。現在我與伯蘭同在中央黨部任評議委員，同在總統府任諮政，並同一黨的小組，尤其我任紀律委員會主任委員，他任委員。上星期五午後三時紀律委員會開會時，他說黨要寬大，使未歸隊者準其登記，此種精神實在可佩。今者伯蘭與世長辭，屬在公私交誼，萬分悼惜。

11 月 4 日　星期四

一、上午九時偕朱騮先兄至極樂殯儀館弔唁陳伯蘭兄。瞻仰遺容，如同生前，曾幾何時，與世隔絕，人生若夢，夫復何言。

二、上午十時出席上海商業銀行第一次董事會，討論在美存款解凍問題。又決定中國旅行社股東代表問題，張壽賢亦係代表之一人，將來選舉，壽賢可選該社董事，這是我唯一推薦者。並討論銀行董事夫

馬費，決定董事長一千元，各董事每人五百元。至
銀行簽字權，決定請董事長陳光甫擔任。

三、午後二時丁耀中介紹台灣人柯台山來見。柯現任台
北市政府秘書長，柯留學美國習外交，係台灣青年
有為之才。彼此暢談國際形勢，約一小時之久。

11月5日　星期五

我腸胃素弱，因又不戒于食，自昨夜起有幾次腹
瀉，今日較為疲困。我的身體最大缺點在腸胃。

11月6日　星期六

一、上午九時參加陳濟棠先生大殮典禮並公祭。

二、午後五時三十分，至永康街徐次辰公館出席小組
會議。因濟棠先生與我們同小組，特先行默念。

三、午後六時卅分，師範學院長劉白如（真）在其福
州街十一號公館招待我晚餐。餐後放白如赴歐美
考察教育電影，內有白如在巴黎與申叔兒所拍的
電影。

11月7日　星期日

台北市第三屆市議員即將改選，本黨市議員候選
人本日舉行自由投票。如當選，即由本黨正式提名，
這是政黨最民主作風。余于上午到和平東路一段再興
幼稚園，投女同志張徽儀一票（張女士鄒作華同志的
夫人）。

11 月 8 日　星期一

連日因消化不良而腹瀉，昨夜忽發風疹塊。這是台灣氣候關係，亦是因消化不良之故。這是很普的病，我于三年前在台中曾生過此症，經一月之久方愈。此症奇癢難受。

11 月 9 日　星期二

昨夜風疹塊更甚，服朱仰高藥方，腹瀉較愈。須知患疹最忌腹瀉，尤其年老人更不宜腹瀉。

11 月 10 日　星期三

昨夜風疹塊較前夜更甚，麗安、光叔為我用毛巾搓癢至深夜。今日特請朱仰高先生來家診治，決定服治風疹特效藥，並繼續服最近數日日服三次或二次可拉明，以保持心臟機能。又因胃腸不好與忌口，身體感覺疲乏。

11 月 11 日　星期四

因服治疹特效藥，昨夜十時就寢，四時方醒。至六時忽又奇癢，再服特效藥。

11 月 12 日　星期五

今日係本黨總理八十九歲誕辰，又是總理在檀香山創立興中會，到今年正是六十年，所以本黨本日（十二）上午十時在中山堂舉行隆重紀念典禮，蔣總裁親臨主持，並發表演講。我因正在發風疹塊之際，惟難逢革

命六十年週年紀念大典，特別勉強帶病出席。回憶六十
年革命歷史，吾人在公在私萬端感慨。我們最慚愧者，
對先烈無法交代，更對當前水深火熱同胞未能立即挽
救。我們各自反省，各自檢討，憑良知、良能，向前
努力。

11月13日　星期六

　　一個年老人身體抵抗力不夠而又生病，最不幸的
事，最痛苦的事，是最容易感嘆的，是最容易恢心的。

11月14日　星期日

　　聯合國教育社會及文化組織（簡稱文教組織）的第
八屆會議，已于本月十二日在南美洲烏拉圭首都開會。
申叔既任我國首席代表李石曾先生私人秘書，理應于會
期前趕到，抑或與李先生一同前往。申叔日前由巴黎來
函云，須本月廿左右離巴黎，飛紐約耽擱一週，然後轉
飛烏京。我認為這是不對的，申叔一生最大失敗，是在
不能控制時間。

11月15日　星期一

　　我海軍驅逐艦太平號在大陳島（東北）與漁山之間
海面，于十四日凌晨遭共匪俄製魚雷艇四艘襲擊，猝不
及防，不幸沉沒。官兵大部獲救，有廿八人失蹤。按太
平艦係中國海軍之護航驅逐艦，是第二次大戰後，由美
國贈送我國的軍艦中之一艘。太平號遭受奇襲沉沒，究
屬不能辭疏于防範之責，與我海軍將士精神上受很大打

擊。共匪必再接再厲，擾亂我大陳、金門外圍島嶼。民
主國家對共匪應該警覺，勿再為匪和平攻勢之所誤。

11 月 16 日　星期二

連日服風疹塊特效藥，已有進步，已將至漸痊階
段。現在醫藥進步日新月異，我在三年前患疹塊才有此
藥，無現在特效。

11 月 17 日　星期三

昨夜、今朝風疹塊復大發，其癢難受。或因吹風之
故，亦是少服特藥之故。收到申叔九日由瑞士來函稱，
日昨與周、干兩兄于午後一時，自巴黎起飛，二時抵日
內瓦，晚間華僑邀請晚餐，深夜歡散。今晨八時出外
觀光，午後一時自日內瓦乘火車五小時（途中換車六
次），現已抵因特勒肯城。明晨七時半登冰山最高峰，
和白雪做做朋友，並已定明晚離此云云。按周即周宏
濤，干是大使館秘書，曾在侍從室多年，性質忠厚，為
申叔朋友。

11 月 18 日　星期四

昨日午後蔣老太太及光甫先後來信義路寓所看我的
病。光甫擬明日赴台中小住。我于昨日每隔八小時服風
疹特效藥，故昨夜、今朝未發奇癢。

11 月 19 日　星期五

日前接我國駐法國大使館段公使來函，有關于申叔

赴烏拉圭簽證經過，及我復函，摘錄于後（段現任大使
館代辦）。

甲、段公使夢瀾來函大意

申叔世兄赴烏拉圭一事，以李石老（曾）被任為本
屆出席聯教大會首席代表，即以石老私人秘書取得簽
證。因世兄願赴美一遊，亦由瀾介紹此間美領館取得過
境簽證。申叔兄赴南美，瀾切勸暫疏繪事，以身體為
重，致力西班牙文，申叔極以為然。巴黎學生環境欠
佳，離法去烏為計亦甚得也。

段夢瀾謹上　十、廿三

乙、我的復函大意

觀海吾兄：

小兒申叔年來在法，多承分神照拂。此次隨李石曾
先生赴烏，復蒙多方協助與指導，遠企盛情，感荷曷
極。小兒今後如有所成，亦皆吾兄之所賜也。

弟吳忠信敬啟　十一、十六

11月20日　星期六

一、今日上午到會（因病已旬日未去），再到上海銀行
　　總管理處，與沈維經兄談談一般商務情形。

二、陳勤士（其業）先生孫女公子澤寶與沈積夫先生長
　　孫公子華祝，于本日下午四時中山堂光復廳舉行
　　結婚典禮，請我證婚。勤士先生現年八十四歲，
　　係故友英士先生長兄，果夫先生的父親。積夫先

生係沈伯先（水利專家，現任台大教授）的父
親，現年八十歲。由勤士、積夫兩位老家長主持
婚事，請我證婚，我準時前往證婚，並致詞。禮
堂佈置輝煌，到賀客一千數百人，集一時之盛。
沈、陳兩府都是湖州名門望族，詩書人家，並且
老親做親，也就親上加親，喜上見喜（果夫先生妹
妹是沈伯先的夫人）。華祝公子與澤寶小姐都受
過良好家庭教育，亦受學校教育。華祝公子現在
台灣大學任副教授。

三、下午五時出席黨的小組會，討論本黨建黨六十週
　　年紀念文件，及調查台北市議員選票，請將發動
　　投票的家屬姓名開出。

11 月 21 日　星期日

我的風疹塊起因是腸胃消化不良，近三日服朱醫腸
胃藥片，又按時服風疹塊特效藥（每八小時服一次，原
來十二小時服一次），所以近二日身體未奇癢。

11 月 22 日　星期一

最近三日天氣很好，有太陽，如同孟春。昨夜未用
風疹塊特效藥，因此藥有麻醒性，故昨夜失眠，今日精
神頗為不振。今晨在兩腿上風疹塊發出奇癢，約二小時
疹塊陸續退回。大便雖照常，但胃部氣未暢通，已二星
期之久。因此飲食大減，身重日漸減輕，年老人小病如
同大病。

11月23日　星期二

一、昨夜吃安眠藥，安眠七小時，今晨較為舒適。但
　　兩腿仍有風疹塊，約一小時即退。

二、老友居覺生先生今日係三週紀念，諸親友為之在
　　善導寺誦經，余往敬禮。

三、余紀忠兄（現任徵信新聞社社長）家住廈門街
　　四十八巷，于廿二日下午發生火災，一切家財等
　　等均未搬出。我特于上午親往徵信新聞社慰問。

11月24日　星期三

一、上午十時參加中央常務會議，蔣總裁親臨主持，
　　蔣夫人宋美齡女士亦于今日首次出席常會。至午
　　後一時散會。今日所討論者，係一般黨員不聽中
　　央黨部決議，與假服從總裁等等問題，這也是由
　　來以久本黨不能解決之問題也。

二、午後偕麗安到市內購買零物，今日天氣和，身心
　　舒適。

三、今日風疹塊未發出，或者從此可以痊愈，但已痛
　　苦二星期矣，連同腹瀉一月餘矣。現在飲食大
　　減，腸胃吃虧太大了，尚須多多調養。

11月25日　星期四

　　上午九時出席光復大陸設計研究委員會成立大會。
蔣總統親臨致詞，提示工作重心應注重光復後文化重建
計劃，及如何鞏固台灣為復國根據。本會主任委員陳誠
副總統兼任，以胡適、左舜生、曾寶蓀（女）、徐傅

霖、徐永昌為副主任委員。本會委員由總統遴聘第一屆第一次在台灣出席國民大會代表，以及現任行政院設計委員，均無給職。全體委員一千八百八十人，本日出席一千七五十人（各機關首長在內），委員會人數之多，真是空前。

11 月 26 日　星期五

午後三時主持本會（紀律委員會）第二十八次會議，至五時散會。

11 月 27 日　星期六

我于民國廿八年赴西藏辦理第十四輩達賴喇嘛坐床大典（此行收回治藏主權），西藏各僧、俗首領知我信佛，紛紛送我佛像，以及我自請新造佛像，總共約三百尊，內中約三分之二都是古佛。我由藏內返後，分送佛教信男信女及政府首長。至大陸失敗，撤退台灣時，尚有更古的佛像五十餘尊，因運輸困難，特留三十尊在上海，託阜豐公司孫伯羣兄代為保管。不料為共匪所知，連同我所存在伯羣處數箱細毛皮衣一律沒收。至運來台灣二十餘尊，我覺得是最古的，但我就屬外行，不能斷定。本日上午特請章嘉大呼圖克圖，予以鑑定。據章嘉云，內有數尊係一千五百年，乃至二千年古佛。回想送出二百數十尊及遺失者，不知許多古佛，實在可惜。我未能供奉諸佛，深感罪過，但諸佛亦當諒我行止不定，更無相當時間與安靜地點之苦衷也。

11月28日　星期日

一、國大代表、中央黨部第二組副主任沈祖懋先生，
　　因患惡性肺瘤赴日本診治，不幸逝世。骨灰運回
　　台北，本日上午在台灣大學法學院禮堂舉行公
　　祭，我于上午九時前往敬禮。

二、吳氏宗親會興建家祠，奉祀始祖列宗，經各宗親
　　踴躍獻捐巨款，已于昨年在台北朱厝崙地方購地
　　奠基，至現在正殿之樓下工程業已略成。爰擇
　　本十一月廿八日星期日上午十時，在正殿恭設祭
　　壇，舉行祭典，我準時前往參加典禮。

三、中共匪幫曾以十三個韓戰中美軍戰俘加以間諜之
　　罪，判處徒行。美國提出抗議後，共匪即悍然拒
　　絕，並廣播稱已將照會退回。中共對美國戰俘如
　　此最新野蠻行為，將使在外交上承認朱毛，以及
　　同朱毛「和平共存」的論調大受影響，亦將影響到
　　美國對台灣策略「出賣中華民國」。

11月29日至30日　星期一至二

　　【無記載】

12 月 1 日　星期三

【無記載】

12 月 2 日　星期四

一、上午十時參加總統府國父紀念月會，蔣總統親臨
　　主持，立法院長報告院務。

二、本午十二時卅分，蔣總統在台北賓館招待全體中
　　央評議委員以及中央委員聚餐。由外交部次長沈
　　昌煥報告中美共同安全條約，大意如下：
　　中美共同安全條約談判業已完成，承認臺灣、
　　澎湖及美轄西太平洋島嶼利害相同，規定經雙方
　　協議，將包括締約國其他領土，構成了保衛西太
　　平洋抵抗共產侵略軀幹。兩國已發表共同聲明，
　　在廿四小時至四十八時之間，即可正式簽字。沈
　　次長並說此項條約談判，自去十二月間彼此交換
　　意見開始，進行將及一年，至目前乃告完成。此
　　項條約不僅對中美兩國為自由與正義奮鬥之共同
　　目標，而且對整個自世界也將有不可磨滅之貢獻
　　云云。
中美防禦安全條締結，是中美兩國勝利。我們應以自
強、自立為反攻復國基礎，然後才能與友邦合作，才能
與友邦談互助。

12 月 3 日　星期五

中美共同防禦條約今在華府簽字

　　中華民國與美利堅合眾國共同防禦條約，于美國東

部時間二日下午四時（臺北時間三日清晨五時）在華盛
頓正式簽字。我政府已任命葉公超外長為全權代表，美
方則由杜勒斯國務代表簽字，約文在臺北、華府同時
公佈。杜勒斯詳細說明中美締約意義，可增遠東及太平
洋安定，匪如犯台，美可能進攻大陸。葉外部長說，中
美共同防禦條約簽訂，不僅是中美兩國政府親善友好表
現，而且是美國人民對中國人民友誼表現。

中美共同防禦條約全文
中華民國與美利堅合眾國間共同防禦條約
　　　本條約締約國，茲重申其對聯合國憲章之宗旨與原
則之信心，及其與所有人民及政府和平相處之願望，並
欲增強在西太平洋區域之和平機構；以光榮之同感，追
溯上次大戰期間兩國人民為對抗帝國主義侵略，而在相
互同情與共同理想之結合下團結一致併肩作戰之關係；
願公開並正式宣告其團結之精誠及為其自衛而抵禦外來
武裝攻擊之共同決心，俾使任何潛在之侵略者不存有任
一締約國在西太平洋區域立於孤立地位之妄想；並願加
強兩國為維護和平與安全而建立集體防禦之現有努力，
以待西太平洋區域更廣泛之區域安全制度之發展；茲議
訂下列各條款：
第一條　本條約締約國承允依照聯合國憲章之規定，以
　　　　不使危及國際和平安全與正義之和平方法解決
　　　　可能牽涉兩國之任何國際爭議，並在其國際關
　　　　係中不以任何與聯合國宗旨相悖之方式作武力
　　　　之威脅或使用武力。

第二條　為期更有效達成本條約之目的起見，締約國將個別並聯合以自助及互助之方式，維持並發展其個別及集體之能力，以抵抗武裝攻擊及由國外指揮之危害其領土完整與政治安定之共產顛覆活動。

第三條　締約國承允加強其自由制度，彼此合作以發展其經濟進步與社會福利，並為達到此等目的而增加其個別與集體之努力。

第四條　締約國將經由其外交部部長或其代表就本條約之實施隨時會商。

第五條　每一締約國承認對在西太平洋區域內任一締約國領土上之武裝攻擊，即將危及其本身之和平與安全，茲並宣告將依其憲法程序採取行動，以對付此共同危險。

　　　　任何此項武裝攻擊及因而採取之一切措施，應立即報告聯合國安全理事會。此等措施應於安全理事會採取恢復並維持國際和平與安全之必要措施時，予以終止。

第六條　為適用於第二條及第五條之目的，所有「領土」等辭，就中華民國而言，應指臺灣與澎湖；就美利堅合眾國而言，應指西太平洋區域內在其管轄下之各島嶼領土。第二條及第五條之規定並將適用於經共同協議所決定之其他領土。

第七條　中華民國政府給予，美利堅合眾國政府接受，依共同協議之決定在臺灣澎湖及其附近為其防

衛所需要而部署美國陸海空軍之權利。

第八條　本條約並不影響且不應被解釋為影響締約國在
　　　　聯合國憲章下之權利及義務，或聯合國為維持
　　　　國際和平與安全所負之責任。

第九條　本條約應由中華民國與美利堅合眾國依其憲法
　　　　程序予以批准，並將於在臺北互換批准書之日
　　　　起發生效力。

第十條　本條約應無限期有效。任一締約國得於廢約之
　　　　通知送達另一締約國一年後予以終止。

　　為此，下開各全權代表爰於本條約簽字，以昭信守。
本條約用中文及英文各繕二份。

　　　　　　　　　中華民國四十三年十二月二日
　　　　　即公曆一千九百五十四年十二月二日訂於華盛頓

12月4日　星期六

　　現在白晝時間甚短，下午五時太陽落，五時半天將
黑。中美共同防禦條約簽訂，可將中美兩國多年隔閡與
謠言肅清，所有與美國簽訂類似防禦條約四十個國家
與中國易通聲氣。這個條約是對共黨一大打擊，這個條
約是中國外交勝利，台灣更加鞏固。但我們軍隊士兵年
齡老了，錢亦用完了，不能久等了。不可與美國簽訂防
禦條約而自滿，而苟安，還要自己有志氣，知慚愧。靠
美國保護是恥辱，大家努力罷。

12月5日　星期日

一、陳濟棠先生靈柩定于十二月五日，安葬新北投丹

鳳山之陽（在奇岩路中和寺側）。余于上午九時
在極樂殯儀館參加治喪委員會公祭後，即啟靈發
引。余步行送至約二里地方，辭靈敬禮。

二、回拜台北市府秘書長柯台山，丁耀中與我同去。

三、今日（十二月五日）係民國四年肇和起義紀念
日，回想當年參加是役同志，在台者只有我與蔣
總統了。

12 月 6 日　星期一

一、上午九時到中山堂參加十一月份聯合總理紀念
週，由司法部谷部長鳳翔報告司法工作概況。特
別強調司法為民主政治柱石，必須遵守審判獨
立、法律平等、裁判合法的基本原則，必須以法
律來保障人民權益。

二、下午三時到省立博物館，參觀西班牙畫家戈耶先
生珍貴版畫展覽。戈耶先生生于一七四六年，至
一八二八年四月病逝於法國波爾多，其遺骸後來
葬在馬德里（西國首都）。

12 月 7 日　星期二

中共與英國關係趨惡化。英外相艾登在下院忿忿指
責中共，將美國戰俘空軍十一人以間牒之罪判徒刑，認
為破壞韓境停戰協定。又說英國承認中共經過多年之
後，中共才算承認英國。英國派代辦到北平之後，經過
很長時間，中共才于上月派代辦來倫敦，這事始終極為
英國所忿慨云云。中共在另一方顯然與英國發生裂痕，

匪幫正向英國發動猛烈宣傳攻擊，指責中美共同防禦條
約締結，英國實為「共犯」。

12月8日　星期三

　　上午十時參加中央常務會議，研究中美共同防禦條
約簽訂後，國際之觀感及敵人動態。午後七時到三軍球
場，參加美國統一勞軍總社一二〇四團暨自由中國歌星
及技術團（李棠華）慰勞中美三軍將士晚會。

12月9日　星期四

　　申叔十二月二日由巴黎來函，說二日晚八時飛美
國，次日（三日）午可抵紐約。申叔此次係以我國聯教
大會首席代表李石曾先生私人秘書前往烏拉圭。查聯教
大會十一月十二日開會，十二月十二日閉幕。申叔現在
尚未到烏京，殊屬不成事體，自己耽誤自己前程。曾由
伯雄轉述我意，促其早日起程，為何延遲乃爾。申叔最
大失敗就是不能把握時間，尤其是幻想不切實際，愛假
面子，愛漂亮。我不時教訓，生性難改。不過心地忠
厚，待人週到，這是他做人基本條件。

12月10日　星期五

一、上午十一時出席上海銀行董事會談話會。討論存
　　美凍結款項，惟內容複雜，決定先由我政府向美
　　國政府交涉結凍，然後再向美國存款銀行談判。
二、共匪明日悍然表示，不論聯合國採取何種行動，
　　共匪無意釋放以間諜罪名被判徒刑的美國飛行

員。匪幫「總理」周恩來攻擊中美共同防禦條約，
稱之為一種嚴重戰爭性挑撥。又稱美國如不將軍
隊撤離台灣，以及中國國軍防守下基地各島，必
須承受其一切嚴重後果。查周恩來這篇聲明長達
三千餘字，其措詞雖甚囂張，但因中美堅強合作
所受打擊而引起不安情緒，于此暴露無遺。

三、自巴黎會議准許西德武裝，在遠東中美簽訂防禦
條約。中共叫囂，蘇俄支持中共，一面威脅法
國。今日答復十一月七日美國照會關于美機被擊
落事，警告美國政府，倘美國偵察機飛臨俄國境
界，俄國即行射擊。

12 月 11 日　星期六
【無記載】

12 月 12 日　星期日

一、陳長桐兄令尊恩燾先生（字幼庸）于本年十一月七
日在北平逝世，享壽九十五歲。幼庸先生是海軍宿
將，長桐是其次子，現任中國銀行總經理。本日在
社會服務處設奠遙祭，我于上午九時親往致祭。

二、午後五時參加裕台公司董事會，討論四十四年度
營業計劃，並討論擴展營業設置漁業部，與饒用
泌君合作經營漁業，簽訂合作契約十二條。查該
公司業務有印刷廠、火柴公司、漁業、電業，與
夫進出口貿易等等，近年該公司不但業務穩當，
而且有相當收獲。就我觀察，該公司新辦的漁

業，是該公司各事業中新興的事業，前途必有希
望，亦是國家所需要者。

三、今日是今年入冬以來第一個嚴冷天氣，氣象所今
天上午紀錄是攝氏十點八度（前、昨兩天在十六度
左右）。這個來自大陸寒流還有三、四天才能過
去，這兩天可能還要更冷一點。

12月13日　星期一

上午九時到實踐堂參加總理紀念週，由外交部次
長沈昌煥報告中美防禦條約簽訂經過，及各方之反應
與感想。

12月14日　星期二

介紹鄑世祉見陳光甫兄，于上午十時偕世祉前往。
又介紹陶宗玉君，光甫約定明日上午十一時與陶見面。
陶是光甫鎮江小同鄉。

12月15日　星期三

一、上午十時參加中央第一六〇次常務會議，總裁主
席。研究電力加價等案。又討論特種黨部請求設
立革命實踐研究第二分院案，總裁未予允許。

二、光甫兄約午餐，有台灣銀行張董事長（茲闓）、水
泥公司林董事長（伯壽），以及中國銀行陳總經理
（長桐）、交通銀行趙總經理（葆全），與端木鑄
秋、金克和等。

三、本日氣候奇冷，西北利亞寒流仍續南侵，其鋒向

籠罩本省全島，使本省氣候更降。最低溫度攝氏
十三度，為今年最冷一天。據氣象所測稱，明日
天氣或可好轉。

12 月 16 日　星期四

現在世界人士認為中美、南美較為安全，所以人
才、資金都向該方發展。我國李石曾先生已將中國在瑞
士日內瓦國際圖書館移至烏拉圭首都，上月十二日正式
開幕，並計劃設立世界書局分局。現又擬創辦自由世界
刊物（用西班牙文，因南美用此種文字）宣傳中國文
化，我認為有此必要的。惟因經費問題，擬向政府購外
匯美金貳萬元，尚未批准。石曾先生來電，請我向行政
院說項。我于昨日面託俞院長，俞氏答曰好、好。我今
日特約楊先生面談，囑其轉告石曾先生。據楊家駱先生
云，此事已由行政院交新聞局核議，而新聞局又推至中
央黨部第四組核議矣。李石曾先生十二月一日由烏拉圭
來函說明：「申叔護照雖早簽妥，惟尚未到，亦無消
息，為念。」申叔既為中國出席聯教會首席代表李石曾
先生秘書，理應隨李前往，且不將行蹤隨時報告李老。
現在聯教會聞已閉幕，申叔究在何處，不得而知，殊屬
不成事體。我為申叔前途悲。

12 月 17 日　星期五

匪幫總理周恩來今日邀哈瑪紹前往北平，面談其他
問題。對這位聯合秘書長建議此行之動機，為十一名美
國飛行員遭中共以間諜罪監禁事，悍然拒絕，加以駁

斥。說聯合國通過以此美國人係屬戰俘，而非間牒為由，設法使他們獲釋之建議為「荒謬」。共匪一面約哈瑪紹面談，一面反對釋放戰俘，可以說進一步冷戰，亦可以說是外強中乾。

12月18日　星期六

國民大會代表、總統府戰略顧問馮治安先生（字仰之）于十六日下午二時卅分病逝，享壽五十九歲，移靈極樂殯儀館舉辦喪事。我于今日上午偕張壽賢兄前往弔唁。張氏河北省人，行伍出身，官至軍長及河北省主席。

12月19日　星期日

台北市今日選舉市議員，我于上九時前往投票。我夫婦三人及鄰家與工友一共九張票，係遵照本黨指定投姚冬聲同志者。查本省推行民主，每年改善，現已達到民主相當理想。安徽同鄉許曉初兄的父親今年八十大慶，由我們在台親友發啟徵文。昨日（十八）午後舉行慶祝，我因事未能前往，今日午後特到許府補祝。許氏壽縣人，係回教徒，曉初經營工商業頗有成就。

12月20日　星期一

上午十時到陽明山革命實踐研究院參加總理紀念週。蔣總裁親臨主席並訓話，強調明年工作應加強防間保密，又宣佈開除齊同志世英黨籍。其原因另記。齊同志係立法委員，東北人。林伯壽先生六十大慶，本晚七

時半在仁愛路上海銀行總管理處舉行公宴，由光甫及
我、陳長桐、張茲闓、趙葆全、端木愷、吳幼平、沈維
經、江元仁等作主人。

12 月 21 日　星期二

匪機輪番竄擾大陳，我砲火猛烈迎擊。傳匪圖對大
陳大舉進犯，匪沿海閩浙機場距大陳太近，我機場在台
灣距大陳太遠，我方較為吃虧。

12 月 22 日　星期三

上午十時參加中央第一六二次常務會議，蔣總裁主
席，至午十二時半散會。此次立法委員、本黨黨員齊世
英同志開除黨籍，係總裁手令，由常會通過者。其手令
原文：「齊世英履次反抗本黨決議，破壞本黨政策，著
即開除其黨籍。」

12 月 23 日　星期四

【無記載】

12 月 24 日　星期五

下午三時主持紀律委員會第二十九次會議，地點台
北賓館。此乃民國四十三年最後一次會議。

12 月 25 日　星期六

一、時間是一年與一年過去。第一屆國民大會代表全
國聯誼會四十三年度年會（第五次），于本日（廿

五）上午九時在台北中山堂舉行。我等國民大會
代表及應邀觀禮的黨政軍首長一千六百餘人參
加，蔣總統因另有要公，請陳副總統代表參加。
本年的年會較已往年會更有意義，因為我們今年
曾經開過第一屆國民大會第二次會議，為中華民
國憲政法統的綿延，為國家選舉了第二任總統與
副總統。轉瞬就是民國四十四年了，國運與歲運
更新，為解放大陸同胞的痛苦，而加倍團結、加
倍努力。

二、國民大會代表全國聯誼會本日在中山堂舉行晚
會，演出平劇。我偕麗安于晚八時前往觀聽，至
十二時先退，乘汽車返信義路寓所。經過博愛路至
衡陽街交叉路口，忽有另一汽車從我車側衝來，身
體大受震動，麗安牙齒受傷出血，至少有一個損
失。為活動身體計，只得立時步行二十分鐘，然後
乘三輪車返家，時已深夜一時矣。我二人均感覺身
體很多部份痠痛，真是想不到飛來之禍。

三、國際電話局本日下午五時說，六時吳申叔從美國
來電話，要我在家等候。但至七時半，電話局又
說氣候不佳，不能來了。

12月26日　星期日

一、寄嶠約舊日在西北同事午餐，並約我參加。計到胡
國振（新疆警務處）、劉漢東（迪化警局長）、葉
誠、徐汝誠。葉、徐二位都是當時在新疆任師長，
以及尚官業佑等。寄嶠家務自女友沈某離去，日趨

安定，惟寄嶠政治工作前途尚須加以研究。

二、午後四時申叔由紐約來電話。大意：1. 在此友人全
體反對他赴烏拉圭；2. 他日內赴華盛頓參觀胡適先
生某種展覽會；3. 擬二月十日赴烏拉烏圭；4. 並與
胡適、孔庸之見面等語。就他所說情形，大有留美
之勢，我仍力促他赴烏拉圭，以踐李石老之約。

12 月 27 日　星期一

一、上午九時到實踐堂參加總理紀念週，聽取由印尼
歸國僑領章勳義報告印尼政治情形，僑胞反共狀
況，及其個人被迫害經過，歷一小時始畢。

二、中央黨部本年度年終工作檢討會，定于本月廿
七、廿八兩日舉行。本日（廿七）午後二時第一
次檢討會議，在金山街第二組會議室舉行，我準
時前往出席，聽取大陸黨務報告（包括心理戰、
政戰工作）。

三、美國統一勞軍總社耶旦特別勞軍團，二十七日下
午抵達台北後，即于下午四時在空軍總部舉行第
一場表演，招待中美空軍將士。我亦被邀參觀，
伯雄與我同往。

12 月 28 日　星期二

下午五時半到長安東路王雪艇公館出席小組會議，
王氏等主張蔣總統應赴美一遊。美國務卿杜勒斯最近告
參院外委會稱：「倘共黨進攻自由中國、日本或韓國，
則美國將立刻加以武力干涉，並把此事直接提交安理

會，要求一致支持對抗侵略。」

12 月 29 日　星期三

　　昨、今兩日青年黨張子柱、劉東岩先後過談。據云
青年黨現在力謀團結，可能成功。

12 月 30 日　星期四

　　教育設置中華獎學基金委員會聘我等為委員，本日
（卅）下午五時在教育部會議室舉行第一次會議。本會
委員計有吳忠信、何應欽、陳光甫、俞飛鵬、馬超俊、
張厲生、錢公來、于斌、張維翰、鄧萃英、曾寶蓀、
雷殷、柳藩國、劉文島、丘念台、黃季陸、李崇實、孔
德成、田炯錦、黃麟書、谷鳳翔、郭澄、孟昭瓚、連震
東、章嘉、潘秀仁、孫桂籍、劉廉克、廣祿二十九人，
除于斌現在海外，張厲生、孔德成、黃麟書因事請假
外，其餘委員均出席會議。由教育部張部其昀主席，首
致開會辭，我首先發言：「獎學基金之設立，俾能宏獎
學術研究，促進民族文化，意義重大。」旋討論「設置
中華學術獎金辦法要點」，並決定四十四年一月起至二
月十日止，舉辦獎金登記。獎金類分別人文學、社會科
學、自然科學、應用科學、文藝、美術六科，每科設獎
學金一名，每名致金質獎章一枚，與新台幣一萬至三萬
元。請獎程序由學術審議會提出候選人，附以著作推薦
書，但本人亦得向學術審議會提出著作與自薦書直接申
請。給獎日期四十四年三月十二日。又通過中華獎學基
金委員會組織規程。張部長招待便餐，我與光甫兄至八

時半先請退席。

12 月 31 日　星期五

　　法國眾議院于臺北時間卅一日晨一時五十四分，宣佈正式批准武裝西德，加入歐盟，並准參加北大西洋組織。這項聯盟中將有西德十二個師（五十萬人）與英、美、法、比、荷、盧和義大利，共同擔任歐州大陸的防務。這是提交法國眾議院批准的倫敦與巴黎協定最重要部份，這些協定其他部份均已獲批准。這是法國總理孟德法朗士一大成功，更是民主戰線一大成功。世界人士都注意法眾院最後之態度，尤以美國白宮人員澈夜等待最後消息，其關切法眾院表決于此可見。俄國及其附庸國對法國用種種威脅，並作最後恫嚇，今後又將如何。

過去民國四十三年局勢之回顧

甲、國際方面言

一、中美締結防禦條約，使西太平洋反共防線更形
鞏固，給予大陸被奴役壓迫人民以最大慰藉。

二、美、英、法、澳、紐、菲、泰、巴基斯坦等八
國訂立東南亞防禦公約，防止共黨侵略東南亞
及西太平洋，頗有重大意義。

三、日內瓦會議後，媚共的印、緬大肆活動，印度
總理尼、緬甸總理宇汝先後赴偽都勾結，並高
唱媚共濫調。

四、日內會議弄成越南停戰，使北緯十七度以北陷
于共黨之手。

五、中東回教兩大國土爾其與巴基斯怛成立軍事
協定，對于中東傾向中立較著國家將發生影
響力。

六、相持四年的英國、伊朗石油權益爭執獲得解
決，自由世界減少一樁內憂。

七、英國、埃及爭執多年蘇彝士運河駐軍問題獲得
協議，英國駐軍分期撤退，自由世界又少了一
項爭執，這也是英國忍痛放棄。

八、希臘、土爾其、南斯拉夫三國的巴爾幹聯防
正式成立，對阻止俄共向東地中海侵略頗有
力量。

九、義大利和南斯拉夫爭奪的港，對南歐防務均有
不利影響。在英、美調停下成立協定，兩國分
佔甲、乙兩區，此一爭執乃告解決。

十、本年最後之一日，法國眾議院批准倫敦與巴黎協定，產生西德整軍等等新的計劃，其意義非常重大。

十一、瓜地馬拉親共政權被反共軍民打垮，為西半球在反共上的重大成功。

十二、美國冷戰的策略以圍堵為主，一年來頗有成就。如中美條約及東南亞公約、土巴協定等之訂立，都足以圍堵俄共防線加強。

乙、就國內方面言

一、一萬二千多名反共戰士歸國，他們掙脫共匪魔掌，恢復自由，對共產國際打擊意義至為重大，實非筆墨可以形容者也。

二、金門、大陳外島戰士雖然只是朱毛奸匪叫囂犯台前奏，實則為蘇俄試圖發動太平洋大戰的開端。我將士英勇反擊，使匪寇陰謀遭到慘重打擊。

三、第一屆國民大會第二次會議召開，選出第二屆總統與副總統。又將軍方高級人士調換，與夫行政院等機關之改組。

四、經濟比較安定，社會亦屬良好，但物價就屬逐年增高，公教人員生活日在困難途中。

五、台灣縣市長與省市議員之選舉，其技術都較往年大大進步。

丙、就個人方面言

一、身體大不如前，體重一百卅磅，較五年前減去卅磅。尤以不久以前，患腹瀉，繼患風疹，先

後五星期之久，尚未復元。惟血壓過低（最高
105），精神尚好。

二、本年使我最煩神是子女問題，真是一言難盡。
而麗安女士又與我不時發生意見，使我大感
不安。

三、生活日高，我的收入有限，而用費浩繁，不能
滿家人希望。就是人人要用錢，而靠我一人工
作者，可嘆哉。

四、本年幫助陳光甫兄在台灣成立上海銀行總管理
處，我很高興的。光甫請我任董事，每月送伕
馬費，不如小補耳。

民國日記 77

吳忠信日記（1954）
The Diaries of Wu Chung-hsin, 1954

原　　著　吳忠信
主　　編　王文隆
總 編 輯　陳新林、呂芳上
執行編輯　李佳若
封面設計　陳新林
排　　版　溫心忻、施宜伶

出　　版　**開源書局出版有限公司**
　　　　　香港金鐘夏慤道 18 號海富中心
　　　　　1 座 26 樓 06 室
　　　　　TEL：+852-35860995

　　　　　民國歷史文化學社 有限公司
　　　　　10646 台北市大安區羅斯福路三段
　　　　　　　37 號 7 樓之 1
　　　　　TEL：+886-2-2369-6912
　　　　　FAX：+886-2-2369-6990

http://www.rchcs.com.tw

初版一刷　2021 年 8 月 31 日
定　　價　新台幣 350 元
　　　　　港　幣 95 元
　　　　　美　元 13 元
I S B N　978-626-7036-12-9
印　　刷　長達印刷有限公司
　　　　　台北市西園路二段 50 巷 4 弄 21 號
　　　　　TEL：+886-2-2304-0488

國家圖書館出版品預行編目 (CIP) 資料

吳忠信日記 (1954) = The diaries of Wu Chung-hsin, 1954/ 吳忠信原著；王文隆主編 .-- 初版 .-- 臺北市 : 民國歷史文化學社有限公司 , 2021.08

面；　公分 .--（民國日記；77）

ISBN 978-626-7036-12-9　（平裝）

1. 吳忠信 2. 傳記

782.887　　　　　　　　　　110013463